「第二のドバイ」「日本企業のブルーオーシャン」

アゼルバイジャンが今、面白い理由

谷口洋和
Taniguchi Hirokazu
アリベイ・マムマドフ
Alibay Mammadov

BAKU
—— バクー ——

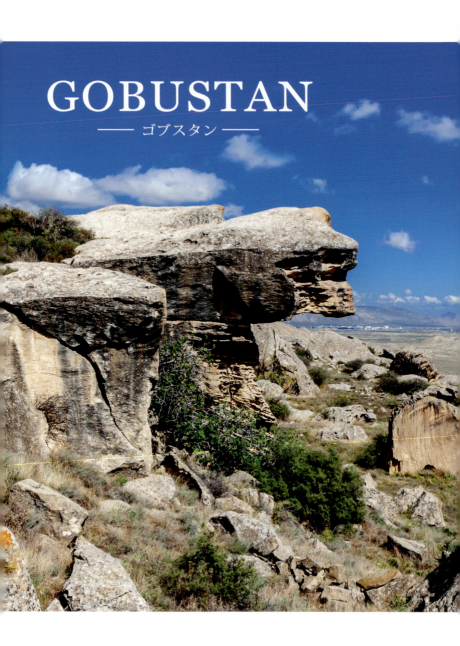

GOBUSTAN
—— ゴブスタン ——

Azerbaijan artifacts
——— アゼルバイジャンの工芸品 ———

P2、3…近代的なアゼルバイジャンの象徴フレームタワーズ、P4上…ユネスコ世界遺産に登録されたシルヴァンシャー宮殿から望む夜景、P4下…バクーの繁華街、P5…乙女の塔、P6、7上…世界的建築家ザハ・ハディッド氏によるヘイダル・アリエフセンター、P6下…飛躍的発展を遂げるバクー、P7下…海岸沿いに広がる国旗広場、P8、9…燃える山ヤナル・ダグ、P10、11…ユネスコ世界遺産ゴブスタン保護区と岩絵、p12、13…ゴブスタン保護区近くの泥火山、P14…ドルマ、P15左上…ケバブ、右上…クタブ、中…バクラヴァ、左下…デュシュベレ、右下…プロフ、P16…世界文化遺産にも登録されているアゼルバイジャンの絨毯と工芸品の数々　　　　　　　　　　　　　　　　　　　　　　　　　　　（画像提供は巻末に記載）

「第二のドバイ」「日本企業のブルーオーシャン」

アゼルバイジャン
が今、面白い理由

はじめに

谷口 洋和

　2014年、ふとしたきっかけで訪れたアゼルバイジャンに、私は心の底から魅了されました。産油国にもかかわらず再生可能エネルギーや農業を推進していることや、さらなる今後の成長を予感させる政策については知っていましたが、美しい風景、美味しい食事、深い歴史、異文化に寛容な人々、そして何より極端とも言えるほどの親日ぶりに驚かされました。

　人懐っこい彼らは路上でも見ず知らずの私たちに話しかけてきます。彼らに「チナ？」と聞かれたら「ノー、ヤポン！」と答えてください。

　その瞬間の彼らの満面の笑顔は、たとえるなら同窓会で20年ぶりにあった友人のようなもの。心の底から日本人を歓迎してくれていることが実感できます。日本人というだけで芸能人のように写真撮影を求められることも珍しくありませんでした。

　この年、太陽光発電の分野でビジネスの基盤を作った私は、次なるステージを海外に求めていました。

　2011年にシンガポールプレミアリーグの「アルビレックス新潟シンガポール」の是永大輔CEOにお会いして以来、これから成長する国でビジネスがしたいとずっと願っていたのです。当時のシンガポールのように、自由で伸びしろがある国でビジネスがしたい、と。

はじめに

「これから急速な発展を遂げる可能性が高くて安全で快適な国」を探しているちょうどその時、アゼルバイジャンに出会ったのです。

　そんなアゼルバイジャンに移住し、本格的に仕事がしたいと思った私がアゼルバイジャンで法人を設立してから4年目を迎えました。しかし、当初の予測に反して日本での太陽光発電事業は暇にならず、まだ私は本格参入することができていません。

　この度、ご縁があって本書を出版することとなりました。会社設立当初から協力していただいたアリベイさんに執筆をお願いしました。

　この世界一の親日国で「ブルーオーシャン市場」の魅力を存分に伝えていきたいと思います。

「未来の国」　　アリベイ・マムマドフ

　突然ですが、あなたは、世界一の親日国、アゼルバイジャンを知っていますか？

　アゼルバイジャンの人たちは「日本人」と聞いただけで笑顔になります。その証拠に世界で唯一日本人だけビザが無料です。

　また、アゼルバイジャンの首都バクーの中心部には日本庭園があります。空手や柔道のような伝統的な日本武術を習っている子どもも少なくありません。

　アゼルバイジャンはこれほどまでに「親日国家」です。

　そして、例に漏れず、私も大の親日家です。ご紹介が遅れました。私、アリベイ・マムマドフは1988年モスクワ生まれ、バクー育ちのアゼルバイジャン人です。

　現在は北海道大学大学院で領土問題や民族紛争についての研究をするかたわら、母国アゼルバイジャンのことを知ってもらおうと、日本の方々に度々話をさせていただいています。

　また、アゼルバイジャン進出を目指している日本企業のお手伝いも積極的にしております。

　ただ、残念なことに、現状ではアゼルバイジャンがどんな国なのかを知っている日本人はほとんどいません。どんな国かというどころか、どこにあるかということも知らない人が多いのではないでしょうか。

　しかし、決して両国に関わりがないわけではなく、2011年〜

はじめに

　2014年までアゼルバイジャンを援助している主要国家第一位は、実は日本なのです。それに、ここ３年間で日本人観光客は約60％も増えています。こうして日本とアゼルバイジャンとの交流が以前よりも活発になりつつある今、もっと多くの方にアゼルバイジャンを知ってほしいというのが私の願いです。

　アゼルバイジャンは、石油や天然ガスが豊富で、経済成長が著しいことから「第二のドバイ」と呼ばれている、2018年に建国100周年を迎えた国です。

——アゼルバイジャンには、２カ所の世界文化遺産があるのをご存知でしょうか？

——95％がイスラム教徒の国であるにもかかわらず、豚肉を食べたり、お酒も嗜むという世俗的社会であることは？

——アトピーが改善すると言われる石油風呂や喘息の治療に効果がある塩の山があるということは？

——実はドライフルーツ王国であったり、美人が多い国としても知られていることは？

——そして、何より、多くのアゼルバイジャン人が日本人と関わりを持ちたいと思っていることをご存知でしょうか？

　こうしたことも含めて、ぜひ、皆さんにとって「知られざるアゼルバイジャン」をご紹介したいと思います。

　さて、用意はいいでしょうか？

　ようこそアゼルバイジャンへ！　Azərbaycana xoş gəlmisiniz
　　　　　　　　　　　　　　　　アゼルバイジャナ　ホシュ　ゲリミスィニズ

目次

はじめに ·· 18
「未来の国」·· 20

1章 アゼルバイジャンってどんな国？

アゼルバイジャン基本の〝き〟·························· 28
火の国「アゼルバイジャン」···························· 33
アゼルバイジャンの国の成り立ち ···················· 34
副大統領はファーストレディ？ ······················· 38
観光が盛んになりつつあるアゼルバイジャン ······ 40
アゼルバイジャン観光委員会のナヒド・バギロフ会長に
聞きました！·· 42
今後の課題と日本人におすすめのツアー ··········· 46
　【コラム】イスラム教とアゼルバイジャン〈谷口洋和〉····· 49

2章 火の国アゼルバイジャンの観光スポット

風の街の物語──美しい首都バクー市（Gözəl Bakı）··· 52
　①旧市街（イチェリ・シェヘル）···················· 55
　②乙女の塔（Qız Qalası, ギズ・ガラシ）············ 57
　③シルヴァンシャー宮殿（Şirvanşahlar sarayı）···· 58
　④ニザミストリート ·································· 60
　⑤海岸公園（Dənizkənarı Milli Park）·············· 62
　⑥国旗広場（Bayraq Meydanı）····················· 63
　⑦「燃え続ける」フレームタワーズ（Alov qüllələri）······ 65
　⑧殉教者の小道（Şəhidlər Xiyabanı）············· 68
　⑨アゼルバイジャン・カーペットミュージアム
　　（Azərbaycan Xalça Muzeyi）··················· 68

⑩3000年前から燃え続けている「燃える山」(Yanar dağ) … 71
　⑪アテシュギャーフ寺院（Atəşgah məbədi） ………………… 72
　⑫世界遺産のゴブスタン国立保護区 ………………………… 73
　⑬ヘイダル・アリエフセンター (Heydər eliyev Mərkəzi) … 75
　⑭治療効果の高い石油風呂には日本との意外なつながりが!? … 77
　⑮塩の山 …………………………………………………… 80
　【コラム】アゼルバイジャンの定番観光ルートと注意点
　　　　　　　　　　　　　　　　　　　〈谷口洋和〉…· 82

3章　なぜアゼルバイジャンは親日国なのか？

　アゼルバイジャン外務省報道局長に日本について聞きました！ …· 84
　日本人は東から来たトルコ人!? ……………………………… 89
　さて、アゼルバイジャンで日本語を勉強する学生たちの意見は？ … 93
　【コラム】アゼルバイジャン人と仲良くなる方法〈谷口洋和〉… 98

4章　アゼルバイジャン経済事情

　独立直後の不況期からの経済大躍進 ……………………… 102
　独立後のアゼルバイジャンの発展は石油のおかげ ………… 105
　アゼルバイジャンの資源が世界情勢を動かす!?―各国の思惑 … 108
　アゼルバイジャンの今後を握るロードマップ ……………… 111
　数字から見るアゼルバイジャンの発展 …………………… 114
　農業が後押しする経済発展 ………………………………… 116
　経済発展を後押しするのは石油分野だけじゃない!? ……… 118
　アゼルバイジャンの福祉・教育 …………………………… 121
　交通分野の発展（物流・輸送） …………………………… 123
　アゼルバイジャンの医療事情はどうなっている？ ………… 124
　【コラム】日本人から見た変わりゆくアゼルバイジャン！
　　　　　　　　　　　　　　　　　　　〈谷口洋和〉…· 126

5章 アゼルバイジャンは日本人にとってビジネスチャンスの山!?

なぜアゼルバイジャンでのビジネスがおすすめなのか? … 130
アゼルバイジャンでビジネスがしやすい理由 …………… 131
日本企業や日本人にとって有利なアゼルバイジャン進出 … 134
今、アゼルバイジャンでビジネスをするなら、ここが狙い目! … 141
世界最大規模の巨大プロジェクト「カザール・アイランド」… 144
広大なゴルフ場も〝売り〟の「ドリームランド」………… 146
ブラックシティから生まれ変わる!
「バクー・ホワイトシティプロジェクト」……………… 148
【コラム】アゼルバイジャンは私たちだけのブルーオーシャン
〈谷口洋和〉… 151

6章 魅力的なアゼルバイジャンの農業、特産品

2015年以降、さらなる躍進を遂げるアゼルバイジャン農業 … 154
実はドライフルーツ王国!? ………………………………… 156
生産量世界第3位を誇るヘーゼルナッツ ………………… 160
今こそ「ダマスクローズ」のオイルを
アゼルバイジャンブランドに! ……………………… 162
タバコ産業はまだまだ発展の余地あり! ………………… 164
日本で買うよりかなりお得!
キャビアはいかがですか?（Qara ikra）………………… 165
食にも文化にも欠かせないアゼルチャイ（Azərçay）……… 166
日本にも輸出されているアゼルバイジャンワインと
フルーツジュース ……………………………………… 169
アゼルバイジャン人の大好物、ギョイチャイ地区のザクロ … 170
高品質なアゼルバイジャンの蜂蜜 ………………………… 172

アゼルバイジャンで大人気の「ガタバイポテト」・・・・・・・・・・・・ 174
アゼルバイジャンでは「パン・チーズ・スイカ」の
セットが当たり前!? ・・・ 175
農業分野における日本とのビジネスについて ・・・・・・・・・・・・・ 176
　【コラム】アゼルバイジャンとの食品貿易〈谷口洋和〉・・・・・・ 179

7章　アゼルバイジャンの交通案内

安くて便利！バクー市の地下鉄 ・・・・・・・・・・・・・・・・・・・・・・・・・・・ 182
駅や電車のデザインも楽しみの1つ ・・・・・・・・・・・・・・・・・・・・・・ 185
油田開発と共に伸びていったアゼルバイジャン鉄道 ・・・・・・・ 187
欧州からの期待も受けるバクー・トビリシ・カルス(BTK)鉄道 ・・・ 189
アゼルバイジャンならバスで海外旅行もできる!? ・・・・・・・・・ 193
バス旅におすすめの観光地「ギャンジャ(Gəncə şəhəri)」・・・ 195
　【コラム】アゼルバイジャンの交通〈谷口洋和〉・・・・・・・・・・・・・ 200

8章　アゼルバイジャンをより楽しむために

アゼルバイジャン流「おもてなし」・・・・・・・・・・・・・・・・・・・・・・・・・ 202
アゼルバイジャン料理・シェキ名物「ピティ(Piti)」・・・・・・・ 203
アゼルバイジャン人の大好物「ケバブ」・・・・・・・・・・・・・・・・・・・・ 204
アゼルバイジャンの代表料理ドルマ ・・・・・・・・・・・・・・・・・・・・・・ 206
南部の料理「レベンギ」・・・・・・・・・・・・・・・・・・・・・・・・・・・・・・・・・・・ 207
アゼルバイジャンでは特に魚料理がご馳走 ・・・・・・・・・・・・・・・・ 208
アゼルバイジャン料理の王様「プロフ(Plov)」・・・・・・・・・・・・・ 209
生地料理が盛んなアゼルバイジャン(Xəmir yeməkləri) ・・・・・ 209
バザールでおすすめのお土産 ・・・・・・・・・・・・・・・・・・・・・・・・・・・・ 212
アゼルバイジャン人とアゼルバイジャン語で会話しよう ・・・・・ 213
アゼルバイジャンの有名なスポーツ ・・・・・・・・・・・・・・・・・・・・・・ 216

【コラム】アゼルバイジャンのおもてなし〈谷口洋和〉 …… 223
ギュルセル・イスマユルザデ駐日アゼルバイジャン
特命全権大使のインタビュー ……………………………… 224
おわりに ……………………………………………………… 227

1章 アゼルバイジャンってどんな国?

アゼルバイジャン基本の〝き〟

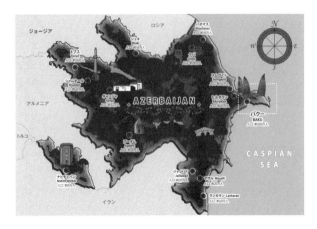

　アゼルバイジャン（正式名称：アゼルバイジャン共和国）は、アジアとヨーロッパの境界線であるコーカサス地方にあり、北はロシア、南はイラン、西はアルメニア、東はカスピ海に面した国です。

　日本との時差は約5時間。東京との距離は約7,723kmです。現在（2018年7月時点）はまだ旅客便の直行便はありませんが、貨物便は定期的に石川県小松市から週2便、関西空港からも週1便バクー市へ飛んでいます。さらに旅客の直行便も2019年度からは成田空港からバクー市へ飛ぶことが検討されています。2018年9月、日本の河野外務大臣がアゼルバイジャンを正式訪問された時にも、旅客直行便の重要性に触れられました。

1章　アゼルバイジャンってどんな国？

　アゼルバイジャンの人口は約1,000万人で、面積は北海道よりやや大きく、8万6,600㎢ほどです。

　首都バクー市は東と西を結ぶとても重要な位置にあり、東西の文化が交じり合う場所でもあります。アゼルバイジャンは、異文

❖アゼルバイジャン国旗の意味

　アゼルバイジャンの国旗は上から青、赤、緑の三色旗になっています。青はテュルク系民族であることを、赤は近代化や発展を、緑はイスラムのイデオロギーを意味します。

　つまり、アゼルバイジャンはテュルク（トルコ）の伝統的な文化を持ちながら、イスラム教を信仰し、民主主義を促進していくという意味です。

　真ん中には白の三日月と八角星がありますが、月はイスラム宗教のシンボル[1]で、八角星は、「火の地」「火の国」の8つの文字での書き方を表しているという意味になります[2]。

　1929年までアゼルバイジャンではラテン文字と並行してアラビア文字のアルファベットを使っていて、確かにアラビア語でアゼルバイジャンは8つの文字で書かれており、意味も「火の地」となります。

1）もともとビザンツ帝国の首都であったコンスタンティノープル（現イスタンブール）の市章にあったらしく、1453年にトルコ人がコンスタンティノープルを陥落させると、オスマン帝国によって、同市章がイスラム教のシンボルとしても捉えられるようになり、イスラム教を信仰する他の民族まで広まったと言われている。
2）八角星は8グループあるテュルク系の諸民族を象徴しているという説もある。

化・多文化の歴史を誇り、他の民族や言語、文化にとても寛容な国です。

民族構成としては、アゼルバイジャン人（90.6%）、レズギ人（2.2%）、ロシア人（1.8%）、アルメニア人（1.5%）となっています。小さな国ですが、様々な民族が住んでいる多民族国家です。

公用語はアゼルバイジャン語で、どちらかというとトルコ語やトルクメン語に近いと考えられています。<u>使用通貨はマナト（AZN）で、2018年8月現在1マナトは約65円です。</u>

アゼルバイジャンの人たちは、95％ほどがイスラム教を信仰しています。ただし、ロシア正教会やユダヤ教会、アルメニア教会が存在することからもうかがえるように、宗教についてもとても寛容な国なのです。また、イスラム教を信仰しているといっても、皆

❖アゼルバイジャンという国名の由来

アゼルバイジャンという言葉の意味については、諸説ありますが、主に、ゾロアスター教に関係するといわれます。

古代、この地に住む人たちはゾロアスター教を信仰し、火を崇拝しており、ゾロアスター教の寺院も数多くありました。その影響もあり、パフラヴィー語（中期ペルシア語）で、「アゼル」は火や炎、「バイジャン」は保護者を意味しています。

つまり、アゼルバイジャンとは「火の保護者」、「火が保護されている地」を示しているのです。

さんがイメージするようなムスリムとは少し違うかもしれません。

　ムスリムは原則としてアルコール禁止ですが、アゼルバイジャンのスーパーマーケットなどにはお酒コーナーがあります。お酒の製造や消費にとても寛容で、もしかしたら、日本よりもお酒コーナーが充実しているのではないかと思うほど。

　実はコーカサス地方はワイン発祥の地とも呼ばれ、アゼルバイジャンでも６、７千年前からつくられていたといいます。最近では若年層に赤ワインが人気で、さらに消費が伸びているようです。

　アゼルバイジャンにも日本と同じように四季があり、夏は暑く、冬は寒いのです。

　これまで一番の暑さを記録した地域はナヒチェヴァン自治共和国（アゼルバイジャンの飛び地）で46度。そして、これまでの最低気温は－32度で、面白いことにこれもまたナヒチェヴァン自治共和国の記録です。

　最も暑いのは７月、寒い月は１月で、７月の全国平均気温は約26〜27度、１月は３〜４度です。東京とほぼ変わらないぐらいですね。ただ、日本ほどムシムシしないため、比較的過ごしやすいかもしれません。

　最高気温や最低気温と、平均気温を比較するとわかるように、アゼルバイジャンの気候は、世界にある11の気候のうち９つがあるほど多様で、地形を見ても山地もあれば、平地もあります。雪が積もる地域もあれば、まったく降らない地域もあります。ちな

みに、バクー市は半乾燥気候です。

　さて、2018年8月現在、日本からアゼルバイジャンへ行く経路としては、イスタンブール経由（トルコ航空）、ドーハ経由（カタール航空）、ドバイ経由（エミレーツ航空）がよく使われます。中にはフランクフルト経由（全日本空輸）、またはモスクワ経由（ロシア航空）を利用される方々もいます。

　バクー市にあるヘイダル・アリエフ国際空港から市街地までバスも出ていますが、基本的にはタクシーを使って約15分〜25分です。配車サービスのスマホアプリ「Uber」、または「Taxify」を使うことをお勧めします。それが一番確実で安いので、ポケットWi-Fiやローミングサービス[1]などをあらかじめ使用できるようにしておきましょう。タクシーは上手に交渉をしないと倍以上の金額を求められたりするので、そこは要注意。

注意事項　アゼルバイジャンでは、タクシー利用の際、領収書が出ないのは一般的です。経費で落とすときは、対応の仕方を考えましょう。ちなみに、レストランなどでは領収書はきちんと出ます。

　それから、例えばタクシーの乗車料が5.35マナトの場合は、基本6マナト払います。おつりとして小銭はほぼ返ってきません。タクシー運転手さんへのチップにしましょう。

---

1) 携帯電話やPHS、インターネット接続サービス等において、事業者間の提携により、利用者が契約しているサービス事業者のサービスエリア外であっても、提携先の事業者のエリア内にあれば、元の事業者と同様のサービスを利用できること。

火の国「アゼルバイジャン」

　昨今、アゼルバイジャンが注目を集めつつあるのは、石油や天然ガスといった豊富な資源にあります。実際に、その資源をもとにコーカサス地方の経済を牽引し、国際的な「エネルギー安全保障」(エネルギーが安定的に、また低廉な価格で供給される状態)にも貢献し続けてきています。

　世界においては、国名よりも、むしろ首都バクーのほうが知名度が高いとしたら、その理由はバクー油田にあると考えられます。

　バクー油田の歴史は非常に古く、紀元前から地上に石油が湧いていたという説もあるほど。

　現在、石油産油国と言えば、即座にサウジアラビアやイラン、イラクなどを思い浮かべますが、ペルシャ湾の油田が発見されるまでは、世界の石油生産の過半数をアゼルバイジャンが占めた時代もあったのです。

　また、アゼルバイジャンがソヴィエト連邦共和国下にあった第二次世界大戦時には、その石油供給の中心を担い、勝利への大きな貢献を果たしたと言われています。ヒトラーがソ連に勝つために、バクー油田の獲得を企図していたというのはかなり有名な話です。

　詳しくは4章、5章でお話しますが、2000年代以降、アゼルバイジャンは豊富な資源をもとに経済成長を急激に遂げ、高層ビル

建設ラッシュも相まって、いまや「第二のドバイ」との呼び声も高くなってきました。

アゼルバイジャンが古くから「火の国」と呼ばれるゆえんも、昔からある資源によるものです。

また、地中にある天然ガスが漏れ出て、古くからこの土地では常に炎が絶えなかったといわれています。雨が降っても風が吹いても消えなかったこうした火を人々は崇め、イスラム教が入ってくるまで、この地域はゾロアスター教（拝火教）の信仰を集めていました。

アゼルバイジャン政府も自国を「火の国」と呼んでいる通り、国章の中央にも火が描かれています。

[アゼルバイジャンの国章]

中央には「火の国」にふさわしく炎を。その右下は主食である麦。左下は力と耐久を象徴するオーク（樫）の葉。他にも、厳しい環境でも成長するトーポリ（日本でいうポプラ）だとする説も

アゼルバイジャンの国の成り立ち

では、ここで歴史について簡単に説明したいと思います。

今のアゼルバイジャンがある土地は、現在でいう北のロシア、東のモンゴル、南のイラン、西のトルコなどこれまで多くの国に

支配され、侵略に次ぐ侵略の歴史でもあるといえるでしょう。

3〜7世紀にはササン朝ペルシアの支配下に置かれ、7〜10世紀にはアラブの支配へ。このときにイスラム教も一緒に入ってきました。

11世紀からは現在の中央アジアやモンゴル方面から多くのトルコ系諸民族が入ってきます。11〜13世紀には、セルジューク朝諸政権の支配下に置かれ、この地域に住んでいる人々のテュルク化が完了したと言われています。13世紀になるとモンゴル帝国に編入。

16世紀には、サファヴィー朝に支配されるようになり、イスラム教シーア派を受け入れることになります。

16〜19世紀はサファヴィー朝や、ガージャール朝（現在のイランを中心に支配したイスラム王朝）に支配されます。18世紀から19世紀にかけて、ロシアとペルシアの覇権争いが繰り広げられ、1813年のゴレスターン条約や、1828年のトルコマンチャーイ条約により、北アゼルバイジャンがロシアに、南アゼルバイジャンはイランに併合されたのです。

その後、1918年5月にアゼルバイジャン民主共和国として独立したものの、2年も経たない1920年4月に、バクーが赤軍によって、ソヴィエト政権に組み込まれ、アゼルバイジャン・ソヴィエト政権が成立しました。

しかし、それも2年で終わりを告げ、1922年にアゼルバイジャンとジョージア、アルメニアが統一され、1922年末にザカフカー

ス[2]社会主義連邦ソビエト共和国が成立したが、1936年に解体され、アゼルバイジャン・ソヴィエト社会主義共和国としてソ連に加盟しました。

　ところが、以前からあった、コーカサス地方におけるアルメニア人とアゼルバイジャン人の領土問題をめぐる争いが再燃。1988年２月、アゼルバイジャン国内のナゴルノ・カラバフ自治州で、地元のアルメニア人のアルメニアへの帰属を求める運動が始まり、1989年10月に共和国主権宣言をしました。もちろん、アゼルバイジャン側としては、これを受け入れることなく、反発しました。

　その頃、ソ連崩壊の前段階として、力を失いつつあったモスクワの中央政府は同問題をコントロールできなくなっていました。

　やがてソ連内で内戦が勃発し、1991年にソ連が崩壊。ソ連崩壊はアルメニアとアゼルバイジャンが独立する国家間戦争にまで発展していきました。結果として、アゼルバイジャンはその領土の20％をアルメニアに占領され、約1万人の難民や国内避難民が発生してしまったのです。

　ナゴルノ・カラバフ自治州の帰属をめぐる問題は、第一次世界大戦後からあり、1921年７月にボリシェヴィキ[3]によって、ナゴルノ・カラバフのアゼルバイジャンへの帰属が決定されました。

---

2) ザカフカースとは南コーカサス地方を指す。ロシア語で「コーカサス山脈の向こう側」という意味。
3) ロシア社会民主労働党が分裂して形成された、ウラジーミル・レーニンが率いた左派の一派。

その後、ソ連時代を通じて、この地域は正式にアゼルバイジャン社会主義ソビエト共和国の領土となりました。しかし、アルメニア人側には不満が残り、ソ連時代にはこの地域で、アゼルバイジャン人とアルメニア人との衝突が何度も起きました。また、アルメニア側は何度もソ連中央政府に対して、この地域のアルメニアへの帰属を求めたが、訴えは認められなかったのです。

そして、1990年1月20日。ソ連軍がアゼルバイジャン人の独立運動を抑えようと、バクー市民を軍事制圧しました。バクー事件（別名「黒い1月事件」）です。この時、殺害された一般市民は約170人以上。700人が重軽傷を負い、800人以上が逮捕されました。

大きな犠牲を伴った「バクー事件」でしたが、当時、命を賭して戦った人々が独立国家たるアゼルバイジャン共和国への道を開いてくれたのです。

そうした人々に畏敬の念を表して、バクー市では毎年1月20日午後0時に、1分間の黙祷が捧げられます。また、殉教者のお墓を多くのアゼルバイジャン人が訪れ、アゼルバイジャンの独立のために亡くなった方たちのためにお祈りをします。

その後、ソ連のゴルバチョフ書記長が進めようとしていたペレストロイカで経済が低迷し、1991年にソ連が崩壊すると、次々に独立国家が誕生しました。

そして、1991年2月5日――。アゼルバイジャン・ソヴィエト社会主義共和国も国名を「アゼルバイジャン共和国」に変え、8月30日に共和国独立宣言がなされたのです。

現在、アゼルバイジャンは共和制で、議会は一院制です。議員の任期は5年で、定数125名。最後の選挙は2015年11月に行われ、与党YAP(新アゼルバイジャン党〈Yeni Azərbaycan Partiyası〉)が圧勝しました。

副大統領はファーストレディ？

　もし、私が今「アゼルバイジャンの女性の顔の特徴を教えてください」と言われたとしたら、思わず口ごもってしまうかもしれません。なぜならアゼルバイジャンには、ペルシア系、アラブ系、トルコ系、ロシア系、中央アジア系などさまざまな系統の美人が多く、まさに「美人大国」だからです。

　瞳がブルーの人もいれば、黒の人もいますし、黒髪の人もいれば、茶色の髪の人もいます。

　昔から地元の権力者は、海外（ロシア・ウクライナ・バルト三国等）の人々と結婚することも少なくありませんでした。

　また、地元の女性には、目元や口、鼻が美しいイラン・アラビア系も多く、それに加えて白色人種や黄色人種との混血により、さらに美しい女性や、ハンサムな男性が生まれるようになったのです。

　しかし、広く共通している点としては、基本的にアゼルバイジャンの女性は男性を全面的にサポートし、出世させる、といわ

1章　アゼルバイジャンってどんな国?

(出典:https://www.thebusinessyear.com/azerbaijan-2012/every-way-that-we-can/interview)

れています。よく「美しくて強い」と表現されますが、これには何があっても男性を守るという面が含まれているようです。

また、一般的にイスラム圏においては女性の地位が比較的低い地域が多いのですが、アゼルバイジャンでは、2017年2月21日、イルハム・アリエフ大統領が、大統領夫人で、アゼルバイジャンのファーストレディのメフリバン・アリエヴァ（Mehriban Əliyeva）を副大統領に任命しています。

メフリバン夫人はこれまでにも、アゼルバイジャン文化基金会長（1995年〜）、アゼルバイジャン体操連盟の代表理事（2002年〜）、ヘイダル・アリエフ財団[4]のトップ（2004年〜）、ユネスコ

---

[4] ヘイダル・アリエフ財団はアゼルバイジャンの国民的英雄であるヘイダル・アリエフ元大統領の遺産を元に設立され、アゼルバイジャンの発展、国民の福祉、アゼルバイジャンの教育、科学、文化、芸術、医療、スポーツなどの発展のため、様々なプロジェクトの企画・実現の助成を目的とする財団。

親善大使（アゼルバイジャンの文学や音楽遺産の保護と発展のための努力が評価され2004年から就任）、国会議員（2005 〜 2017年）、ISESCO（イスラミック教育科学文化機関）親善大使（2006年）など、数々の実績を残しており、広く国民に愛され、大統領になれるほどの支持を得ています。

　元医師でもあり、まさに才色兼備。それこそ「美しく強い女性」の象徴でもあり、アゼルバイジャンの女性たちは彼女の活動を自分たちの原動力にしているといっても過言ではないほどです。

観光が盛んになりつつあるアゼルバイジャン

　2000年代に入ってから、アゼルバイジャンの経済が飛躍的な発展を遂げてきました。

　エネルギー分野だけでなく、国を挙げて観光業にもかなり力を入れ始めたのです。

　その成果もあって、アゼルバイジャンの人口約1,000万人に対して、年間250万人以上の観光客が訪れる、いわば「観光国」にもなりつつあります。

　アゼルバイジャンの文化観光省[5]（Azərbaycan Mədəniyyət və

---

5)　2018 年４月から大統領令により、アゼルバイジャン文化観光省は、アゼルバイジャン共和国文化省（Azərbaycan Respublikasının Mədəniyyət Nazirliyi）とアゼルバイジャン共和国国立観光局（Azərbaycan Respublikasının Dövlət Turizm Agentliyi）という２つの機関に分けられた。

Turizm Nazirliyi)の情報によると、2017年にはアゼルバイジャンに269万1,998人観光客が訪れましたが、2016年（2,242,783人）と比較して44万9,215人多い（前年比20%増加）結果となりました。

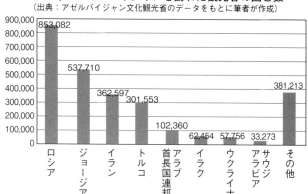

2017年にアゼルバイジャンを訪れた観光客の国と数
（出典：アゼルバイジャン文化観光省のデータをもとに筆者が作成）

これは、アゼルバイジャン独立後、過去最高の数字です。そのうち、85万3,082人はロシア人、53万7,710人はジョージア人、36万2,597人はイラン人、30万1,553人はトルコ人、10万2,360人はアラブ首長国連邦、62,454人はイラク、57,756人はウクライナ、33,273人はサウジアラビア、38万1,213人はその他の国籍の人々だということですから、近隣諸国からの観光客が最も多いことがわかります。他にも欧米諸国からの観光客も増加傾向にあります。

ちなみに観光シーズンのピークは7月で、2017年7月に訪れた観光客の数は31万3,515人とのことでした。

日本でアゼルバイジャンに関心を持っていただいている方々の中には、観光分野にもとても興味を示している方も多くいます。
　そこで、アゼルバイジャンの観光分野のことなら、やはりアゼルバイジャン観光委員会のナヒド・バギロフ（Nahid Bağırov）会長に伺うのが一番！　と、2017年の年末にインタビューをさせていただきました。

アゼルバイジャン観光委員会の ナヒド・バギロフ会長に聞きました！

　まず、気になったのが日本人観光客の数です。ナヒド会長の友人のアゼルバイジャン文化観光省の方のデータによると、2014年：2,607人、2015年：3,277人、2016年：3,383人、2017年は4,347人とのことでした。「はじめに」でも少し触れましたが、驚くべきことに、わずか3年で約60%も増えていることがわかります。

アゼルバイジャンにおける日本観光客の数

2014年	2015年	2016年	2017年
2,607人	3,277人	3,383人	4,347人

（出典：アゼルバイジャン共和国統計局のデータをもとに筆者が作成）

　数字だけ見ると、日本人観光客数が年間4,000人足らずというのは少ないと感じるかもしれませんが、それはまだ仕方がないことだと思います。

なにせ2017年12月時点でアゼルバイジャンに住んでいる日本人は49人のみ[6]。そして、2017年6月時点で日本に住んでいるアゼルバイジャン人の数は133人[7]。それほどまでに、まだ両国の関係は活発ではないのですから。

　では、実際にアゼルバイジャンを訪れる日本人の方たちがどこを観光しているかというと、首都バクー市だけでなく、少なからず地方にも足を運んでいただいていることがわかりました。そして、アゼルバイジャンと隣国のジョージアがセットになったツアーも多いのです。

　ちなみにジョージアといえば、最近では「角界のニコラス・ケイジ」との呼び声も高い大関・栃の心の故郷として話題になっていますから、ご存じの方も多いのではないでしょうか。

　さて、近年、観光客の数が著しく増加しているアゼルバイジャンですが、「なぜ観光客が増えているのか」、また「アゼルバイジャンの観光業の可能性」についてもナヒド会長に聞いてみました。「ソ連時代から我が国の『おもてなし』は近隣諸国から高く評価されています（アゼルバイジャン流「おもてなし」については8章で詳しくお伝えします）。もちろん、日本からもっと観光客が来てほしいし、そのために様々なプロジェクトを実施してきました。我々は日本のJATA（一般社団法人日本旅行業協会）と連携

---

6)　http://www.mofa.go.jp/mofaj/area/azerbaijan/data.html#section1
7)　同上

し、数年前にはJATAの指導部や日本の観光業界をリードする企業の方などにも訪問してもらいました。

これまで日本で行われた観光展示会にも度々参加させていただきましたし、日本の観光庁やUNWTO（国連世界観光機関）とも協力しています」

また、なぜアゼルバイジャンで観光客の数が増えているかについては、「2016年以降、ビザ制度が緩和され、ビザを簡単に取得できるようになったことが大きいのではないか」ということでした。

2016年はアゼルバイジャンの観光業にとって、画期的な年になったそうです。多くの国の場合、夏場が観光客の一番訪れるハイシーズンであるのに対し、アゼルバイジャンの場合はローシーズンでしたが、2016年から状況が一変し、アゼルバイジャンでもハイシーズンになったとのことです。

2016年と2017年の夏は、首都バクー市のみならず、地方都市でもホテルで空室を見つけることは至難の業のようでした。

また、数年前までは、アゼルバイジャン航空とルフトハンザ航空等、アゼルバイジャンに飛行機を就航させている企業の数は限られていましたが、現在はクウェート、アラブ首長国連邦、イスラエル、ハンガリー等とも直行便を飛ばしている航空会社が数多くあります。アラブ首長国連邦からエア・アラビア（Air Arabia）、フライドバイ（Fly Dubai）、エティハド航空（Etihad Ariways）の便も就航しています。大国に比べて、アゼルバイジ

ャンのような小さな国にとっては大きなことです。

　また、2018年の夏シーズンからは、イスラエルとアゼルバイジャンの間で週10便飛ぶようになります。イスラエルは基本的にどの国とも就航に慎重で、決して治安の悪い国とは取引をしないことで有名ですから、アゼルバイジャンの安全性に対して太鼓判を押したということでしょう。

　こうして、近年では近隣諸国のみならず、アジアなどからも数多くの観光客が訪れるようになっています。インドやパキスタン、イスラエルからの観光客は、最近、特に増えているとのことでした。

　さらに、近年においては、ヨーロッパで有名なソングコンテスト（Eurovision Song Contest 2012年）や第1回ヨーロッパオリンピック（2015年）、そしてF1ヨーロッパ選手権や世界選手権のレース[8]（2016年、2017年、2018年）、第4回イスラム連帯競技大会や世界的なフォーラムなどを数多く開催してきました。2018年9月には柔道世界選手権もアゼルバイジャンで行われ、日本人の注目も集めています。こうしたイベントも世界におけるアゼルバイジャンの認知度が高まってきた要因の1つだといえるでしょう。

　アゼルバイジャンのオイルマネーを観光分野に投資し、インフラ整備や、数々のホテルを造ったことも観光分野の盛り上がりを後押ししているとのことです。

---

8)　アゼルバイジャンのバクー市街地コースで2017年に初開催されたF1世界選手権レースの1戦のこと。また、2016年はヨーロッパグランプリとして開催。

今後の課題と日本人におすすめのツアー

　一方で、ナヒド会長は2017年にイルハム・アリエフ大統領へ今後の課題も報告しています[9]。それは、アゼルバイジャンが選んだ優先国への直行便の就航、航空券を適切価格にすること、五つ星ホテルだけでなく、ホステルや１つ星や２つ星ホテルの建設、夏シーズンにおけるカスピ海リゾートや、離島における観光業の活性化、観光関連企業のサービスの向上の徹底などです。

　ちなみに、アゼルバイジャン政府が直行便就航を優先的に勧めている国の1つは日本です。先ほどお話したように、すでに貨物便においては石川県小松市及び関西空港とバクー市間で直行便が就航していますが、現在、旅客直行便就航の話し合いも日本との間で行っています。実現すれば日本とアゼルバイジャンとの関係が深まり、両国におけるそれぞれの国の重要性が高まっていくのは必至です。

　最後にナヒド会長にアゼルバイジャンならではの観光スポットや、日本人に一番お勧めしたい観光ツアーについても聞いてみました。

　すると、「全ておすすめなのですが……」と笑いながらも、教えてくれました。

---

[9] 2017年にイルハム・アリエフ大統領の前で行ったナヒド会長の報告によると、2015年と比べて2016年にはヨルダンから２倍、クウェートから3.2倍、カタールから5.5倍、サウジアラビアとオマーンから10倍、アラブ首長国連邦から22倍、イラクから30倍も増えたとのこと。

「例えば、アラブ人の観光客はアゼルバイジャンの豊かな自然を魅力的に感じるようで、バクーから車で約2〜5時間の距離にあるコーカサス山脈の山々に観光に行かれる方が多いです。

　また、旧ソ連地域から来られる方は、アゼルバイジャンの料理がお好きなようで、レストランでの食事を楽しまれているようですし、バクー市のナイトライフも彼らにとっては魅力的に映っているようです。ハイレベルのクラブで美味しいお酒を楽しみたい場合、バクー市のPasifico Lounge and Dining、Eleven、Enerji club・Lounge and Diningの三つ、また、お勧めの高級なVIPレストランとしては、Chinar（和食、中華、アジア料理）、Mangal Steak House、L'Avenue（フランス料理）、Mari Vanna（ウクライナ、ロシア料理）、Chayki、Shah Restaurant（共にアゼルバイジャン料理）、Nar＆Sharab（海鮮、シーフード）。これらがアゼルバイジャン人や海外のVIPが行く主なクラブ・レストランです。

　一方、日本からの観光客には、アゼルバイジャンの歴史や文化、伝統に最も興味を示していただいています。中でも私のおすすめは、より歴史が感じられるゴブスタン保護区でしょうか（ゴブスタン保護区についてはP73）。また、バクー旧市街や、郊外にあるゾロアスター寺院、燃える山（ヤナル・ダグ）やゴブスタン保護区の近くにある泥火山、ピンク湖、空港近くのガラ村（要塞や遺跡等が考古学者によって発見され、さまざまな時代の道具などが展示された公園がある）ですね。

観光ツアーとしては、エコツアーや狩猟ツアーもおもしろいと思います。
　例えば、地域の生活や文化を体験したり、原生的な自然の中でのガイドツアー、自然の営みに触れる観察会、農林業体験などもあり、自然の中でゆったりした時間を過ごしながら自然の恵みを体感するのもおすすめです。
　さらには、アゼルバイジャンの田舎を訪れ、そこの人たちと交流したり、ホームステイをしたりと、アゼルバイジャン人の日常の暮らしを体験するといった文化ツアーも、日本の方には人気です。アゼルバイジャン料理も、日本の方の口に合うようです」
　また、アゼルバイジャン観光委員会にはバクーガイドサービス（Baku Guide Service）という機関があり、そこではプロのガイドを育成しています。すでに50人はプロの資格を持ち、そのうち2名は日本語も話せます。さらに数を増やしていく予定だということなので、今後は、もっともっと、アゼルバイジャンは日本人にとっても観光しやすい国になるのではないでしょうか。

Column

イスラム教とアゼルバイジャン

谷口 洋和

　アゼルバイジャンにイスラム教徒が多いというと、昨今の世界情勢の影響もあり、「恐い」というイメージを持たれることが少なくありません。とりわけイスラム教にあまり馴染みがない日本の人々にとっては致し方ないところもあるでしょう。

　しかし、世界でニュースになるようなことを起こしているイスラム教徒はほんの一部の限られた人々で、多くのイスラム教徒は、とても平和的で穏やか。特にアゼルバイジャンにおけるイスラム教はさまざまな宗教や人種、異文化に対して非常に寛大です。

　仏教徒でもモスクに入らせてもらえますし、実際に見よう見まねでお祈りをすることもできます。実際にやってみると、ヨガの「太陽礼拝のポーズ」のような感じです。全身を使うので意外と体力を使います。イスラム教徒はこれを1日5回行うのですが、案外、体にも良いのかもしれませんね。

　お酒が飲めるのは知っていましたが、驚いたのがイスラム教で禁止されている豚肉が売られていたこと。バクー市内の酒場で料理を注文する際、「羊肉、牛肉、豚肉のどれがいい？」と聞かれたときには"豚"と答えると逮捕されるのかと思ってドキドキしながら羊を頼みましたが、周りのテーブルには平然と豚を食べる人々の姿が！

　実際にアゼルバイジャンの方に聞いてみると、豚肉を食べることを決して好ましいとは思わないものの、強い嫌悪感を抱くほどではないそうです。

〔アゼルバイジャンの公式な祝日と記念日〕

1月1日、2日　お正月（Yeni il bayramı）
1月20日　殉教者追悼の日[1]（Ümumxalq hüzn günü）
2月26日　ホジャリジェノサイド[2]（Xocalı soyqrımı günü）
3月8日　国際女性デー（Beynəlxalq Qadınlar günü）
3月20日、21日　ノヴルズ祭（Novruz bayramı）（※詳しくはP58）
5月9日　戦勝の日（Faşizm üzərində qələbə günü）（ナチスドイツに対して）
5月28日　共和国の日（Respublika günü）
6月15日　アゼルバイジャン人民の救済の日（Azərbaycan xalqının milli qurtuluş günü）
6月26日　アゼルバイジャン国軍の日（Azərbaycan Respublikasının Silahlı Qüvvələri günü）
10月18日　独立記念日（Dövlət müstəqilliyi günü）
11月9日　国旗の日（Bayraq günü）
11月12日　憲法の日（Konstitusiya günü）（平日）
11月17日　復興の日（Dirçəliş günü）（平日）
12月31日　全アゼルバイジャン人連帯の日（Dünya azərbaycanlılarının həmrəyliyi günü）

※上記以外に、年によって日程が変動する記念日もあります。

イスラム教の犠牲祭（Qurban Bayramı）2日間休日（2018年は8月22、23日）
ラマダン祭（Ramazan bayramı）2日間休日（2018年は6月15、16日）

---

1)　20 Yanvar—1990年1月20日（Qanlı Yanvar）、ソ連軍による、アゼルバイジャンの一般人に対するバクーでの虐殺事件。その結果、罪のない170人のアゼルバイジャン人が亡くなり、800人弱が負傷。これは、世界で最も強力な軍隊の1つであるソ連軍に、独立を求めて銃を一切使わずに立ち向かい、翌年には独立を得たため、アゼルバイジャン人にとって名誉ある日でもある。

2)　Xocalı Soyqrımı—1992年2月25日から26日にかけて、アルメニア国軍がロシアの366部隊の支持を受けながら、アゼルバイジャン共和国のホジャリ市を攻撃し、63人の子供、106人の女性、70人の高齢者を含む613人を虐殺した事件。同事件はナゴルノ・カラバフ戦争のカギとなったとも考えられる。その映像を見たり、話を聞いたアゼルバイジャン住民の多くが恐怖にさらされ、周辺地域から逃げるようになったとも言われている。アゼルバイジャンは同事件を「ジェノサイド」と呼んでおり、全世界でそのPR活動をしてきた。その成果も出ており、メキシコ、パキスタン、チェコ、コロンビア、ボスニア、アメリカ合衆国の州などが「ジェノサイド」と認めている。ロシアの366部隊がアルメニアを支持したことで、ロシアもアルメニアと一緒にアゼルバイジャンの領土を占領し、人々を殺したという考え方もアゼルバイジャン側では非常に強い。ホジャリジェノサイドについては、日本政府はあまり意見を述べないが、カラバフ紛争についてはアゼルバイジャンの領土保全を尊重している。

2章
火の国アゼルバイジャンの観光スポット

風の街の物語
——美しい首都バクー市（Gözəl Bakı）

　アゼルバイジャン共和国の首都であり、最大の都市でもあるバクー市は、カスピ海西岸に突き出したアブシェロン半島南岸に位置しています。その面積2,130km²、人口は約220万人。12の行政区域、5つの都市型居住ゾーンと32の村からなっています。

　バクーはカスピ海と同じく、標高マイナス28mのところにあり、

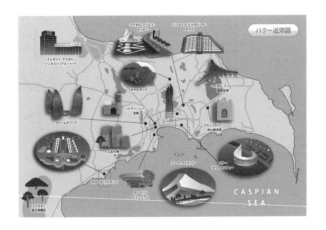

オイル、天然ガス、治療効果の高いミネラルウォーターや泥火山もたくさんあり、資源豊かです。

　平均気温は1月が3〜4℃、7月が25〜26℃で、年間降水量は約300mm。半乾燥気候です。

　バクー市では、「ハズリ」と呼ばれる強い北風と、「ギラヴァル」

2章 火の国アゼルバイジャンの観光スポット

バクーとはペルシア語の「風の街」以外にアラビア語で「永遠」「常に存在する」、トルコ語では「触れらない」「神聖」、サンスクリット語(古代インドの言語の一つ)では、「太陽」を意味する。また、古代ペルシア語では、「神様」という意味もある

バクーのクルーズ・ヨットクラブ。バクー市は現在世界20都市と「姉妹都市」になっている。トルコのイスタンブール市とイズミール市、イランのタブリーズ市、イタリアのナポリ市、イラクのバスラ市、サウジアラビアのジッダ、南アフリカのヨハネスブルグ、ロシアのモスクワ市等

という南風がよく吹き、それがこの街の特徴といっても過言ではありません。事実、バクーはペルシア語で「風の街」という意味で、そこから市の名前がつけられたという見方が大多数です（諸説あり）。

バクー市があるアブシェロン半島には、古代から人々が住んでいたとされています。これにはさまざまな理由が考えられます。バクーの地理学的な位置や、北と南、西と東を結ぶ移住・貿易ルートの交差点であることや、気候条件、エネルギー資源等です。

バクーはシルヴァンシャー朝（12世紀）、サファヴィー朝（16世紀）、オスマン帝国（17世紀）、バクーハン（18世紀）の主要都市の一つでした。

その後、旧ソ連支配下時代の1937年と1978年の憲法でも、バクー市はアゼルバイジャン・ソヴィエト社会主義共和国の首都として承認されています。もちろん、1991年にソ連からの独立を果たし、独立国家アゼルバイジャンとなってからもバクー市はそのまま首都となりました。

現在、バクー市はコーカサス地方の人気観光スポットの1つです。

ここで、バクー市のおすすめ観光スポットの紹介をしていきたいと思います。アゼルバイジャンに行かれる方は、ぜひ訪れてみてください。

2章　火の国アゼルバイジャンの観光スポット

①旧市街（イチェリ・シェヘル）

交通／最寄駅バクー市地下鉄イチェリ・シェヘル駅

入場／無料

　まずは、バクー市の中心部にある旧市街。正式名称はアゼルバイジャン語でİçəri Şəhər（イチェリ〈内〉・シェヘル〈市〉）です。アゼルバイジャン語で「市内」を意味し、このエリアには歴史的建造物が数多くあります。

　敷地面積は0.221km²もあり（東京ドーム約4.7個分）、堅牢な城壁（高さ8〜10メートル、幅3.5メートル）に囲まれています。現在、1,300世帯が住む旧市街ですが、各国の大使館や、レストランやホテル、ギフトショップなどがたくさんあります。

　1977年に歴史的建造物の保護区とされ、2000年には、乙女の塔、シルヴァンシャー宮殿と共に、バクー旧市街がユネスコ世界遺産に登録されました。旧市街にはモスクやハマム（トルコ式のお風呂）もあり、散歩するにはもってこいのスポットです。

注意事項　旧市街の中は、ギフトショップもいっぱいあり、アゼルバイジャン関係のお土産が各種買える場所ですが、価格は少し高いかもしれません。でも、大丈夫です。ちょっとだけ交渉すれば、安くしてくれます。旧市街のギフトショップなら、まず30％から50％ぐらいまで安くなると思いますよ。皆さんの交渉術次第でね。たくさん買うと、おまけをつけてくれるお店もかなりあります。

さて、旅先の楽しみの1つに食事がありますね。旧市街のレストランはどこも料理の質が高く、おいしいと思いますが、あえていうなら「マンガル（Manqal）」というレストランをお勧めします。このレストランは、スタッフのサービスも細かいところまで行き届いています。人気のお店なので特に2人以上で行くときは、席を確保するために予約をお忘れなく！

　ちなみに、アゼルバイジャンには、チップの文化があります。払わなくても怒られることはありませんが、払うと丁寧にサービスしてくれたスタッフも喜びます。

　基本的にチップは5マナトから20マナトほど。例えば185マナトの会計なら、200マナト払って、15マナトをチップにするといった感じです。

ガラスのピラミッドをイメージした地下鉄イチェリ・シェヘル駅。背景に広がるのは15世紀の建物や旧市街の壁

②乙女の塔 (Qız Qalası, ギズ・ガラシ)

入場料／外国人は12マナト、現地人は2マナト、国籍を問わず学生は0.20マナト

　イチェリ・シェヘル保護区にあり、観光客なら必ず訪れる場所といってもいいでしょう。8階建て高さ28mの歴史的建造物で、1階の外壁は厚さ5mにもなります。元々ゾロアスター教寺院として建てられた、あるいは消極的な防衛施設として建てられたなど、その由来にはいろいろな説があります。地元の若者カップルにとっては恋愛スポットとしても有名です。

　名前の由来については諸説ありますが、望まない結婚を押しつけられた王女が、悲しみのあまりカスピ海に身を投げたという切ない伝説もその一つです。

アゼルバイジャンのシンボルでもある乙女の塔

城の壁の積み方などから、城壁の一部として12世紀に建てられたものとされていますが、もっと古いという説もあります。1964年から内部には、塔の歴史や周辺の景観の変遷、バクーの歴史を辿るさまざまな資料が展示された博物館になっています。

　乙女の塔はアゼルバイジャンのシンボルでもあり、アゼルバイジャンの通貨マナトにもモチーフとして度々登場するほど。

　昨今、この近くで例年大統領も参加するノヴルズ祭[1]（春の訪れによって新しい年がやって来ることをお祝いするお祭り）をするのも特徴的です。乙女の塔の屋上から眼下にバクー市を望むのもおすすめなので、ぜひ入城してみてください。

　各階にある資料等を眺め、壁を手で触れながら、狭い階段を登れば、アゼルバイジャンの歴史を肌で感じることができるでしょう。

③シルヴァンシャー宮殿（Şirvanşahlar sarayı）

入場料／外国人は10マナト、現地人は2マナト、国籍を問わず学生は0.20マナト

　シルヴァンシャー宮殿はバクーの旧市街にあり、16世紀までこの辺りを支配していたシルヴァンシャー朝の王宮（13〜15世紀に建造）です。

1）　ノヴルズ祭は春の訪れを祝って3月下旬に行われる。「新しい年」というペルシア語から名付けられ、古代ペルシア・ゾロアスター教が起源の3000年以上の歴史を誇るアゼルバイジャン最大の祭り。2009年にユネスコ無形文化遺産に登録。

2章　火の国アゼルバイジャンの観光スポット

ユネスコ世界遺産に登録されているシルヴァンシャー宮殿(出典：ウィキペディア)

　丸屋根のモスクやハマム（風呂）跡、謁見の間、王族や聖者の霊廟、マドラサ（学校）跡などがあります。

　シルヴァンシャー宮殿は、19世紀以降、何回か修復されてきま

した。1964年に「シルヴァンシャー宮殿複合施設」として保護区・博物館になり、2000年に乙女の塔、バクー旧市街と共にシルヴァンシャー宮殿がユネスコ世界遺産に登録されました。2001年にはアゼルバイジャン共和国内閣府によって、世界的にも貴重な建築物として登録されました。現代では、シルヴァンシャー宮殿はアゼルバイジャン建築の宝物として認められています。

　宮殿は旧市街にある丘の一番高い場所——バクーのガラ（Qala）にある「城」と呼ばれる、一番古い場所にあり、現在は古い城壁に囲まれています。宮殿複合施設の敷地面積はそれほど広くはなく、1ヘクタールほど。周囲の建物はすべて宮殿に直結しています。周辺の建物と宮殿とが一つの複合施設となっているのです。

　宮殿内には52の部屋があり、そのうち27部屋は1階、25部屋が2階にあります。2階の部屋のほうが贅沢に作られており、王様とその家族の部屋もここにありました。<u>2階から見るバクー湾の景色は、言葉では表現できないほどの美しさです。</u>

④ニザミストリート

交通／地下鉄駅サヒル（Sahil stansiyası）から徒歩2分、イチェリ・シェヘル駅から10分

　ニザミストリートは、バクー市内の中心部にある約3.5kmにもわたる繁華街です。通りの名前はアゼルバイジャンの著名な作家ニザミ・ギャンジャヴィ（1141～1209）から取っています。地

2章　火の国アゼルバイジャンの観光スポット

バクー市の繁華街ニザミストリート。いわばバクーの「銀座」。昼間は家族連れが多いが、夜はナイトライフが充実している。外国人観光客が一番集まって来る場所

元の人の間では「タルゴワヤ」（ロシア語で「商人通り」）としても知られています。

　ショッピングモールやレストラン、銀行、化粧品店も並び、ドイツ、ノルウェー、オランダ、オーストリアなどの大使館もあります。

　夕方には歩けないほどの人でごった返し、夜も更けると、ニザミストリートの裏手のバーやクラブでは、イスラム教の国というよりはヨーロピアンスタイルのナイトライフが楽しめます。2016年にはハードロックカフェもできました。

　また、世界でも最も物価が高いストリートの1つといわれています。日本人観光客には「アゼルバイジャンの銀座」としても人気です。

「ザクラ」という有名な和食レストランや、それ以外にも日本料理店が２店舗あります。どこも、ほとんどアゼルバイジャン国内で取れた新鮮な食材を使っているようです。特に「ザクラ」は高級店として知られており、地元と海外のVIPの御用達となっています。

⑤海岸公園（Dənizkənarı Milli Park）
交通／地下鉄サヒル駅から徒歩２分、イチェリ・シェヘル駅から徒歩10分

　正式名称は「海岸国民公園」で、文字通り、国民公園としても有名です。自由広場から始まり、旧市街の西側までバクー湾沿いに広がる100年以上の歴史を誇る海岸公園です（1909年に完成）。

　そもそもの始まりは1900年代初頭。バクー油田で大儲けをしていたオイルバロンや当時のバクー県知事らがカスピ海沿いに別荘を建てていました。

　1902年、当時の市役所にあたる機関が、バクーが海に面している街であること、海岸沿いに多くの橋があることを考慮して、住民たちに海に親しんでもらう機会を増やそうと、海岸公園の建設を考えたといわれています。そのために、まずは海岸沿いの整備が不可欠でした。何度も議論を重ね、1909年から海岸沿いの緑化や整備が始まり公園がつくられたのです。

　1970年代にはバクー市の緑化事業が始まり、公園の長さは3.7kmまで延長しました。さらにソ連からアゼルバイジャンが独

立すると、さらなる緑化や施設の建設も進み、公園の新たな歴史が幕を開けました。

現在はバクームガムセンター、カーペット博物館、パーク・ブルバル（モール）、国旗広場、バクークリスタルホール、バクービジネスセンター、スポーツセンター（テニス等）、高級レストランなどが園内にあります。観覧車や子どもたちが遊べる施設もたくさんあるため、日中は子ども連れの親子をよく見かけます。若者のデートスポットとしても有名です。朝はランニングに興じる人たちも見かけます。

自転車文化がほとんどないバクー市ですが、昨今では公園内で自転車に乗っている若者も多く見られるようになりました。自転車は借りることができ（場所によって多少変わることもありますが、1時間3マナト、2時間5マナト、2時間以降は1時間1マナトの延長料金がかかります）、現在、海岸公園で自転車を借りて2、3時間走るのがブームになっています。

⑥国旗広場（Bayraq Meydanı）
交通／海岸公園内

国旗広場は2010年に完成しました。アゼルバイジャンの人々にとって国旗はすべて、といってもいいほど、誰よりも、どの国よりも自分たちの国旗を大切にしています。政治に関わる大事なイベントもここで行われており、国旗広場はバクー市の政治や文化の中心的な建築といえます。

2010年5月29日には世界一高い旗柱として、ギネス世界記録に認定されました。その高さはなんと162m。縦35m、横70mの国旗を支える土台の重さは220トンにもなります。

　公園内の博物館にはこれまでにここにあった国々やハン（サファヴィー朝の崩壊から東欧や帝政ロシアのコーカサスへの侵略が始まったころ、18世紀半ばから19世紀の最初の25年間（四半世紀）かけて、アゼルバイジャンの領土で生まれたバクーハン、シェキハン、カラバフハンなどのさまざまな小国のこと）の旗、アゼルバイジャンの憲法、切手、通貨、アゼルバイジャン軍の旗や軍服等も展示されていて、歴史を知ることのできる場所になっています。

　バクー市内からも国旗がよく見えるので、記念写真にもお勧めです。

　ちなみにアゼルバイジャンでは11月9日を「国旗の日」として

毎年盛大に祝います。バクー市のみならず、全国の大学や市役所などで大きなセミナーやイベントが開催され、アゼルバイジャンの歴史や、アゼルバイジャンの独立のために血を流してきた英雄たちについての講演などが行われています。

注意事項 2018年7月現在、残念ながら国旗広場には国旗がありません。バクーは風が強いので、高い旗柱の安全性などを再考し、新たに作り直す工事をしているためです。バクー市民の間では、前よりも旗柱が高くなるという噂も広がっています。より立派なものになりそうです。

⑦「燃え続ける」フレームタワーズ（Alov qüllələri）
交通／市内からタクシー5マナト以内、地下鉄ならイチェリ・シェヘル駅から徒歩約15分。暑い時期はタクシーがお勧め

　アゼルバイジャン国会の目の前に大きくそびえるフレームタワーズは、「火の国」らしく、炎をイメージした3つの建物です。

　一番高い棟は33階建高さ182m（残りの2棟は、30階建165m、28階建161m）。それぞれ、ホテル、マンション、オフィスとして使われています。

　2007年に建設が始まり、3億5,000万ドルかけて、2012年に完成しました。

　2014年にはイタリアの自動車メーカー・ランボルギーニが初めてアゼルバイジャンで出した販売店が、フレームタワーズのうち

夜は壁面のLEDによって幻想的にライトアップされるフレームタワーズとバクーの夜景

のイーストタワーの1階に入っています。

　フレームタワーズは、バクー市内のどこにいても見えます。夜にはライトアップもされ、世界遺産の旧市街地と一緒に、新旧の文化が入り交じりながら発展するバクーの魅力を感じることもできます。

　外国人にアゼルバイジャンを知ってもらう意味においても、近代アゼルバイジャン、近代バクー市のランドマークとして非常に重要な役割を果たしているのです。

　また、フレームタワーズ内のホテル「フェアモントバクー　フレームタワーズ」の宿泊は外国人観光客が最も多いものの、新婚旅行などの宿泊先としてアゼルバイジャン人にも愛されています。

　実際に私自身も結婚式を挙げたときに宿泊先としてここを選びました。バクーやバクー湾が一望でき、ホテルのサービスの質の高さにも定評があるので、アゼルバイジャンにいらしたら、ぜひ一度宿泊することをお勧めします。

注意事項　アゼルバイジャンのホテルでも、チップの文化があります。タクシーを降りる際、乗る際、荷物を運んでくれるスタッフや部屋の掃除をするスタッフにお礼の気持ちを伝えるうえでは、かなり重要だと考えられています。人によりますが、チップは5マナトほど。部屋を出るとき、机の上などに置いておくと分かりやすいでしょう。もちろん、払わなくてもいいですよ。日本でいうところの「気持ち」ですから。

⑧殉教者の小道（Şəhidlər Xiyabanı）

交通／上記のフレームズタワーから歩いて5分以内。国会や国営テレビから徒歩2分以内。イチェリ・シェヘル駅から徒歩20分

1918年のバクー市の解放の際にアゼルバイジャン民主共和国のために戦ったトルコ人軍人や1990年1月19日の晩、ソ連軍に殺害された（バクー〈黒い1月〉事件）アゼルバイジャンの一般市民が殉教者として眠っている墓地です。

「黒い1月事件」で犠牲になった人々の追悼モニュメントと墓地がある殉教者の小道（出典：ウィキペディア）

墓石にはそれぞれ肖像と亡くなった日が刻まれ、犠牲となった方々のこと、戦争や紛争のこと、そして平和について感じさせられる場所でもあります。

墓地の近くには山上公園といわれる小高い丘からバクー市の景色を楽しむこともできます。ここは若者や学生、恋人同士や観光客がよく訪れる場所の1つです。結婚式の写真撮影等もここで行われたりします。

⑨アゼルバイジャン・カーペットミュージアム（Azərbaycan Xalça Muzeyi）

交通／地下鉄イチェリ・シェヘル駅から徒歩14分、地下鉄サヒル駅から徒歩21分。海岸公園内、大統領宮殿から徒歩5分以内。

2章　火の国アゼルバイジャンの観光スポット

入場料／外国人、現地人問わず７マナト。学生は３マナト。６歳以下無料。カメラで写真を撮る場合、追加料金として10マナト（カメラ１台当たり）。なお、スマートフォンでの撮影は無料。また、追加で８マナトかかるが、英語やロシア語でのガイドあり。

　海岸公園内で、ひときわ目を引くのが2014年に完成したカーペットミュージアム。

　巻いた絨毯をイメージした建物は、有名なオーストリア建築家のフランツ・ヤンツ（Frans Yants）の設計です。中には展示サロンや図書館、土産物店、商談部屋などがあり、また外にも絨毯の展示場が設けられています。

　絨毯というと、ペルシア絨毯を真っ先に思い浮かべるかもしれませんが、実は2010年に世界文化遺産に登録されたほど、アゼルバイジャンの絨毯は独自の模様や手触りを生み出す織り方の手法

工事に６年要したユニークなデザインのカーペット博物館。３階建て（地下１階には高級な金属等が展示されているが、開いていない日もあるので要注意。別途料金がかかる）

が伝統的に受け継がれてきました。また、インテリアとしてだけではなく、子どもの誕生や葬儀といった儀礼など、文化的な面でも深く人々に根差してきたのです。

<u>カーペットミュージアムでは、アゼルバイジャンの絨毯の文化、何百年もの歴史のほか、金属製品、服、セラミック、ガラス、木材、絨毯やアゼルバイジャンの芸術関連の貴重品、書籍や写真集といったユニークコレクションも保管されています。</u>現在、博物館では大小さまざまな絨毯を中心に、13,300以上の展示物があるとのことです。

注意事項 皆さんは世界3大織物を知っていますか？

フランスのゴブラン織、ペルシア絨毯、日本の鹿児島県奄美大島の大島紬が世界3大織物とされています。これまで多くの大国に支配され、独立国家としては歴史が浅いアゼルバイジャンの絨毯はなかなか世界で認知されませんでした。そこで1991年以降、アゼルバイジャン共和国は世界に向けて絨毯のPRを行ってきました。

かつてのアゼルバイジャンの商人たちは、アゼルバイジャン絨毯を、ペルシア絨毯やオスマン帝国絨毯、帝政ロシア絨毯として売っていたという話もあります。つまり、アゼルバイジャンの絨毯の文化の歴史はかなり古いものの、自分の国を持たなかったことで、自分たちの絨毯として宣伝できなかったのです。

幸い2000年代に入ってから、オイルマネーで経済が活性化さ

れ、絨毯をはじめとするアゼルバイジャンの伝統工芸が世界にPRできるようになりました。こうして長い歴史の中でその名が表舞台に立つことがなかった「アゼルバイジャン絨毯」が、今では「世界３大織物」として認められるようになったことは、私たちにとってとても感慨深いものがあるのです。

⑩3000年前から燃え続けている「燃える山」(Yanar dağ)

交通／バクー市中心部から車で約30分
入場料／外国人、現地人を問わず大人は２マナト、学生は１マナト

　豊かな石油・天然ガス資源があるアゼルバイジャンは「火の国」として知られています。地中から噴き出す天然ガスなどにより自然に燃えている火が国内の至る所で見られますが、地元の人たちの思想や文化に大きく影響し、アートや文学にも取り上げられるようになりました。

　バクー市から約25km、アゼルバイジャン北東部に位置する「燃える山」（アゼルバイジャン語で"Yanar Dağ"〈ヤナル・ダグ〉）も観光スポットとして人気を集めています。

　バクーからバスでも行けますが、バスを降りてから迷子になる可能性もあるので、団体で行く場合以外、お勧めしません。レンタカーかタクシーがお勧めです。

　ヤナル・ダグは山麓の天然ガスの放出により3000年もの間、燃え続けているといわれており、火の高さは最大で10〜15mにも上ることがあります。2007年から国の歴史文化的自然保護区に指

定されています。

⑪アテシュギャーフ寺院（Atəşgah məbədi）

交通／バクー市中心部から車で40分ほど
入場料／外国人は4マナト、現地人は2マナト、国籍を問わず大学生、大学院生は1マナト、小中高生は0.20マナト

　バクー市中心部から30km離れているスラカニ村にあるアテシュギャーフ寺院は、17世紀にインドとペルシアの商人によって建てられました。

　アテシュギャーフとは「火の場所」という意味。そもそもこの土地の人々は、キリスト教とイスラム教が入って来るまでは、火を大切にするゾロアスター教を信仰していました。

　かつての寺院の神父たちは、地中から噴き出た天然ガスによって燃える火を絶やさないように、日に何度もチェックしていたといわれています。

　しかし、アゼルバイジャンがアラビアの支配下に置かれると、地域のイスラム化が進み、ゾロアスター教のことは忘れられていきました。かたや、イスラム教を受け入れられない人たちは、どんどん外に出て行ったのです。

　現在、アテシュギャーフ寺院は博物館になっており、多くの観光客が訪れています。

　ヤナル・ダグ同様、こちらもバスの便はありますが、団体で利用する以外は、レンタカーか、タクシーの利用がお勧めです。

> **注意事項** アテシュギャーフ寺院では、ガイド付きの案内をお勧めします。もちろん、寺院には英文による説明もあるのですが、ガイドさんのほうが丁寧に説明をしてくれる（英語かロシア語）ので、とても分かりやすいと思います。

⑫世界遺産のゴブスタン国立保護区

交通／バクー市中心部から車で1時間ほど。

入場料／外国人5マナト、現地人2マナト、国籍を問わず大学生、大学院生は1マナト、小中高生は0.20マナト、6歳以下無料（博物館と併せて）

　1966年に保護区となったゴブスタン国立保護区（面積3096ヘクタール）。バクー市内からは約56km南西にあり、ガラダグ地区のゴブスタン町にあります。

　保護区には多くの泥火山や古代の岩絵があり、2007年にユネスコ世界遺産に登録された歴史的・考古学的にも大変価値のある遺跡です。遺跡のすぐそばには博物館もあります。

　<u>岩絵の数は60万点ほど。太古の動物や人間、戦い、宗教的な舞踏、闘牛、武装した漕ぎ手が乗る小舟、ラクダの隊商、太陽や星々などが描かれています。</u>

　岩絵に描かれた人々が薄着だったことから、当時、この辺りは今よりも温暖な気候であったことがうかがえます。

　動物がたくさん描かれているのも、気候が良く、緑や水が豊かだったので、生きやすかったためでしょう。岩絵や考古学的な遺

ゴブスタンの岩絵

物から、この地域にはトラやオオカミなども棲んでいたと考えられます。またゾウの骨も発見されています。

　岩絵は平均して1万年〜1万2千年前に描かれたと考えられます。

　ゴブスタンは、アゼルバイジャンやコーカサス地方の古代文化や魅力的な歴史へとあなたを連れて行ってくれるでしょう。

注意事項 夏場はかなり暑く、蛇もいるので、注意しましょう。ゴブスタンの岩絵はとても興味深く、ついつい岩絵のみに集中してしまうかもしれませんが、周囲にも十分に気をつけましょう。

　とはいえ、蛇のほうからは襲ってこないので、もし見かけた場合は十分に距離を置いておくと安全です。

---

⑬ヘイダル・アリエフセンター (Heydər Əliyev Mərkəzi)

交通：バクー市地下鉄ナリマン・ナリマノフ駅から徒歩14分

入館料：国民的英雄、殉教者の家族、6歳未満の子どもは無料。一般の人は15マナト。カテゴリーによっては10マナト、2マナトのチケットも（展示会場がいくつかあり、内容によって価格が異なる）。

　ヘイダル・アリエフセンターは、バクー市の中心部の近代的な建造物です。

　2020年東京オリンピックのメインスタジアムとなる「新国立競技場」の当初案として決まりつつも、白紙撤回になった著名な建築家ザハ・ハディッドが設計しました。

　さまざまな曲線を描くデザインがユニークな建物ですが、上空から見ると、前大統領ヘイダル・アリエフ（1923-2003）のサインの形になっているとのこと。

　アゼルバイジャンでは国民的英雄とも呼ばれ、ソ連からの独立以降、今日の発展を導いた彼の活躍により、我が国は世界に知られるようになりました。本センターもヘイダル・アリエフの名前を冠しており、フレームタワーズ同様、近代的なアゼルバイジャンやバクー市のシンボルになっています。

　センターの総面積は約15万9,000㎡で、東京ドーム約3.4個分、最も高いところが地上74.1mと、かなり大きな建物になっています。センターがある公園は約13万6,000㎡で、敷地内にはプールや人口湖もあります。

センターのスローガンは「価値ある未来へ（さまざまな困難にも負けず、今まで築き上げてきた価値観を引き継ごうという意味を込めて）」となっており、今日のアゼルバイジャンの急速な発展や未来への目線、国の明日を建物自体も表しているのです。

　センターのロゴは銀色で、これはすべての壁を乗り越え、目標達成に向けて、粘り強く歩み続けることを意味しています。

　センターはアゼルバイジャン大統領の直接管轄下にあり、中にはヘイダル・アリエフ前大統領愛用（公用）のベンツが3台展示されています。博物館も設けられ、アゼルバイジャンの歴史、芸術、建築、現代について楽しみながら学べる場になっています。

　また、大きなコンサートホールもあり、アメリカのシンガーソングライター、マイケル・ボルトンや、イタリアのクロスオーバー歌手でありオペラ歌手のアレッサンドロ・サフィーナ、世界で

その美しい曲線からさまざまな表情を見せるヘイダル・アリエフセンター

もっとも有名な日本人の一人、喜多郎など、世界の著名なミュージシャンのコンサートや国際レベルの会議・コンフェレンスを開催することもあります。クラシックカーの展示もされたりします。入場料もかなりお得なので、天才と呼ばれたハディッド女史の建築を楽しみつつ、アゼルバイジャンの歴史やアートに触れてみてはいかがでしょうか。

注意事項 家族連れの方やカップルで行く場合、ヘイダル・アリエフセンターのゆったりした広い公園で、気持ち良くくつろぐことができるでしょう。公園にはカラフルなオブジェも点在しており、旅の思い出となる写真撮影にも最適です。

⑭治療効果の高い石油風呂には日本との意外なつながりが⁉

交通／バクー国際バスターミナルからナフタラン地区までバスで約4時間。料金は約7.80マナト。

入場料／ホテルとセットになるところも多く、ほぼ宿泊代に含まれている。ホテルに1週間滞在する場合の料金の目安は、大人1名シングルの部屋で245マナト（約16,000円）から350マナト（約23,000円）ほど（1日3食、お風呂代、医者のチェックアップ料金含む）。

もう少し贅沢な部屋にしたければ、490マナト（約32,000円）というかなりお得なプランも。質も高くサービスもいい。大人2名の場合は700マナト（約45,000円）。

宿泊ではなく体験で入ってみたい場合も、施設によって価格が変わるものの、総合的に見て安い。

バクー市から約326km、車で片道約4時間かかるナフタランという地区でとれた石油（油）を使った原油風呂は治療効果が高く、利用者も増えています。

ナフタラン地区で取れる原油はアゼルバイジャンの人たちに「ナフタランの石油」として知られている（出典：https://news.milli.az/health/288881.html）

近年、ナフタランには五つ星ホテルなども建てられ、インフラも整備されています。

また、ナフタランの石油はバクー市に運ばれ、「健康ランド」のような施設でも利用しています。

<u>特に、肌の病気やアレルギーに効果が高いといわれ、アトピーの方の利用も多いです。肌の病気は約8割改善されるともいわれており、薬を塗るより、石油風呂に入ったほうが効き目があると信じられています。</u>

もっときれいな肌に、もっとつるつるの肌になりたいというエステ目的の観光客も多いとのことです。国内では石油風呂の油を使ったさまざまな化粧品も販売されています。

皮膚疾患の他にも、神経系、婦人科系、泌尿器系、肝臓疾患、

関節、及び非関節軟部組織の治療にも効果があるとのことです。

　ただし、心臓病や高血圧の方は入浴を控えたほうがいいともいわれているので、石油風呂に入る前には必ず医師の診断を受けなければいけません。

　もちろん、石油なので独特の匂いはあります。でも、健康を第一に考えるのなら、石油風呂はとてもおすすめです。

　ちなみに私は2016年12月まで石油風呂はアゼルバイジャンにしかないと思っていました。しかし、友人から「他の国にもあるよ」と言われてびっくりしたのです。そして、思いました。「他の国とはきっと石油産出国に違いない」と。

　ところが、驚くべきことに、その国とは日本だったのです。皆さんはご存知でしょうか？　しかも、私が6年以上通っている北海道大学がある北海道にあるというのです。そのときは札幌に来て約5年が経ち、札幌や北海道のことを一般的な日本人よりも知っているつもりだったのに……。

　肝心の日本の石油風呂は、北海道の最北端にある稚内市から車で南へ約40分行った豊富町にありました。さっそく豊富温泉にある川島旅館を訪れてみたのですが、最高に良いお風呂でした。

　入浴してわかったのは、アゼルバイジャンの石油温泉との違いです。日本の石油風呂ももちろん石油の匂いがして、オイルの成分が入っているのですが、無色透明なのです。

　しかし、アゼルバイジャンの温泉はドロドロしていて、風呂に

入ると体が見えないほど色が濃いのです。

　豊富温泉に行って驚いたことは他にもありました。お会いしたほぼすべての方がアゼルバイジャンのことを知っていたことです。理由はもちろん石油風呂にありました。私も日本のあちこちに出張していますが、豊富町ほどアゼルバイジャンの認知度が高い地域は他にはないと思います。

　豊富温泉を訪れるのは、基本的にアトピーに悩まされ湯治に来ている方ですが、アゼルバイジャンの場合は、どちらかというと観光客がかなり多いのです。

　地元の方に聞いたところ、東京の有名な皮膚科の先生も、アトピーの方には豊富温泉とアゼルバイジャンの石油風呂を勧めているとのことでした。

　また一つ、アゼルバイジャンと日本の意外なつながりを発見できて、とても嬉しかったのを覚えています。ぜひ皆さんも、一度北海道の豊富温泉と、アゼルバイジャンのナフタランを訪れてほしいと思います。

⑮塩の山

交通／バクーから飛行機でナヒチェヴァン自治共和国まで約50分。片道約50マナト。ナヒチェヴァン空港からは車での移動（約10分）がお勧め。

入場料／施設によって変わるものの、石油風呂同様、ホテルとセットの場合も多く、宿泊代に含まれることもある

では、石油風呂の他にもう1つ、治療効果があるといわれている場所をご紹介しましょう。

アゼルバイジャンの一部で、飛び地でもあるナヒチェヴァン自治共和国にある塩の山（Duz dağı、Naxçıvan duzu）です。バクーから飛行機でナヒチェヴァン自治共和国まで約50分ですから、日本でいうところの東京から名古屋に行くという感じでしょうか。

<u>アゼルバイジャンでは、ぜんそくや激しい気管支炎、感染性のあるアレルギー及びアトピー性皮膚炎の方のための健康スポットとして知られています。</u>

患者さんは塩の山にある塩鉱山といわれる場所で治療を受けます。場合によっては、医師の判断で薬を服用することもありますが、基本的には塩鉱山の空気を吸ったり、そこで何日間か過ごすだけで健康状態が良くなるといわれているのです。

すぐに山の中にある特別な部屋に入れるわけではなく、2、3日間の準備期間を経てようやく入れるようになります。こちらで治療を受けると、大人の場合65〜70%、子どもの場合80〜85%の改善がみられるといいます。

石油風呂同様、ここも外国からの観光客が大勢います。新しい治療センター、病院、ホテルもでき、インフラも整備されています。

ナヒチェヴァンの塩の山に行くことで、より健康的になりたいものです。もちろん、疾患がない方も観光で訪れ、この治療を体験することもできます。

Column

アゼルバイジャンの定番観光ルートと注意点

谷口 洋和

　アゼルバイジャンで観光すべき場所として筆頭に挙げられるのは、「城壁都市バクー、シルヴァンシャー宮殿、及び乙女の塔」、「ゴブスタンの岩絵の文化的景観」の２つの世界遺産です。首都バクーに滞在して、この２つを中心にいろいろ回ってみると、充実した観光ができるでしょう。

　異文化に触れたい方はニザミストリートなど街中を歩いてみるのがいいでしょう。美しい街並みを見ながら海岸公園に抜け、カスピ海からの心地よい風を受けながら紅茶を飲むと本当に気持ちが良いです。

　おもしろいものが見たいなら、ヤナル・ダグに夜行くのがおすすめ。非常に幻想的な景色の中、顔に軽いやけどを負いながら、普段は吸いもしないタバコに火をつけたのは良い思い出です。

　逆に、個人的な感想ですが、体験としてはもうひとつだったのがアテシュギャーフ寺院（拝火教寺院）です。火が地味なため、見た目を期待すると、シンガポールのマーライオンと同じくらいがっかりします。もちろん想像力を膨らませて、歴史的背景を感じられる方にはおすすめですが……。

　アゼルバイジャンの地下鉄は治安も良く、それなりに使い勝手がいいのですが、バスは非常に混雑するので、私はほぼ使いません。タクシーがとにかく安いので、タクシーを利用しましょう。

　ゴブスタンのように、バクー中心部から少し離れたところに行く際は、１日チャーターするのがおすすめ。ホテルにお願いすれば手配してもらえます。私が訪れたときは、200マナトほどでした。

3章 なぜアゼルバイジャンは親日国なのか？

アゼルバイジャン外務省報道局長に日本について聞きました！

「はじめに」でも書いた通り、アゼルバイジャンは親日国です。それは間違いありません。日本人と聞くと顔をほころばせますし、日本製の商品も大好きです。

ところが、「では、なぜ親日国なのか？」……というと、やはり大の親日国であるトルコのように、直接会って助けてもらったというような歴史上の出来事があったというわけではなさそうです[1]。にもかかわらず、超親日国といえるほど、大の日本好き。いったいなぜなのか──。

それならば、実際にアゼルバイジャンの人々に聞いてしまおう！　と、まずはアゼルバイジャン外務省報道局長ヒキメト・ハジエヴ（Hikmət Hacıyev）氏[2]に日本についてお話を伺いました。

「アゼルバイジャンは日本に対して愛情と尊敬を持っています。私も日本のビジネスパートナーや友人と話をするときにはいつもいいます。『アゼルバイジャンでは日本のブランディングは必要ありません』と。『Made in Japan』、もしくは『Japan』という一

---

1)　1890年（明治23年）に軍艦エルトゥールルが和歌山県串本町沖にある、紀伊大島の樫野埼東方海上で遭難し500名以上の犠牲者を出した「エルトゥールル号遭難事件」で、地元の人がトルコの遭難者を助けたことが親日の始まりといわれている。アゼルバイジャンもトルコ人と同じ民族である。
2)　2018年9月18日からはアゼルバイジャン共和国大統領アドミニストレーションの外交部副部長（同部長不在のため、事実上の部長）を務めている。

3章　なぜアゼルバイジャンは親日国なのか？

言があればそれで十分。それほどアゼルバイジャンの人たちは日本をポジティブに受け入れています。

　それにはいくつかの理由が考えられます。

●1つ目はアゼルバイジャンと日本の文化や価値観が似ていること。

　少なくとも私は、日本人は公平で勇ましく、他者を助ける心を持っていると思っています。

　映画『ラストサムライ』のシーンにあるように、たとえ敵同士であっても、勇ましい人を受け入れる、ケガをしている人を助ける、そういう心を日本人は持っています。そして、アゼルバイジャン人も同じような素質を持っています。だからこそ、日本に対する愛情や親近感が湧くのだと思います。

　また、自国の文化や伝統、マナーに忠実であること。この点もまたアゼルバイジャン人と共通しています。

●2つ目は日本の文学やメディアの影響です。本ももちろんですが、私が思い出すのは1980年に放送された『将軍　SHOGUN』というテレビドラマです。アメリカのジェームズ・クラベルの小説『SHOGUN』を原作としてアメリカ・NBCで制作・放送されたドラマで、ヨーロッパや日本でも放送されました。江戸時代初期の話だったのですが、このドラマの影響もあって、日本の歴史や文化がアゼルバイジャンで話題を呼んだ時期があったのです。

●3つ目は高い日本の技術力です。ちょうど1980年代頃から三洋やパナソニックの商品がアゼルバイジャン市場にも入って来るよ

うになり、高品質な商品として愛用され始めました。

　我が国における日本のイメージの良さは、こうした日本製品の技術力や質の高さによるところも大きいと思います。

●４つ目は『建国の父』でもあるヘイダル・アリエフ前大統領の存在です。

　大統領は1998年に日本を公式訪問し、日本の政治エリートやビジネスエリートと会談を行った際、歴史や戦後の経済成長についても話を聞き、いたく感動したといいます。

　第２次世界大戦では敗戦国となった日本でしたが、その後の30年間で著しい発展を遂げてきたのは周知の事実です。

　アゼルバイジャンも1991年にソ連が崩壊し、独立国家になると、隣国のアルメニアと国家間戦争が始まり、ナゴルノ・カラバフ地方と、その隣接地域７地区が占領されるという事態になりました。このナゴルノ・カラバフ紛争に我々は負け、1994年５月に停戦協定が締結されたのです。こうした経緯もあり、90年代はかなり厳しい時期を過ごしました。しかし、2000年代に入ってからは著しい発展を遂げてきました。

　2024年には戦争からちょうど30年を迎えますが、アゼルバイジャンも日本同様、敗戦30年後に、より世界に認められ、尊重される国になるといわれています。

　ヘイダル・アリエフ前大統領も当時、日本の発展モデルを、アゼルバイジャンの模範とすべきだと考えていたようです。彼の日本歴訪後、アゼルバイジャンにおける日本好きの人の割合はさら

に増えたという者もおります。

　その後、ヘイダル・アリエフ前大統領は2国間でのさまざまな条約の礎を構築し、国家間で委員会を発足。定期的に相互に意見交換ができる場が設けられたのです。

　前大統領が感動したように、日本の発展モデルはアゼルバイジャンにとって、大変興味深く、魅力的に映ります。それは欧米モデルを導入しながら、日本独自の文化や伝統といった要素も手放さなかったことも、含めてです。

●5つ目は、日本の他国に対する姿勢です。日本は他国の国内政治に介入しようとしませんし、『領土保全』（今ある領土の状態を損なわないようにすること）を尊重しています。また、1つ目でも日本人の公平性について言及したように、外交上のパートナーに対してもいつも平等な態度を取っています。我々はそうした国際舞台における立場を高く評価しています。

　アゼルバイジャンには次のような諺があります。『良い友は厳しい日にわかる』と。

　日本はこれまでいくつもの戦争をし、多くの苦しい体験を積み重ねてきた国だと思いますが、アゼルバイジャンにとって最も『厳しい日』は、先ほどもお話した独立直後でした。紛争後、国の一部が他国に占拠されたことによって、100万人以上の国内避難民や難民を生んでしまったのです。

　そうした厳しい局面で、当時、日本を含む多くの国からご支援

をいただきました。しかし、日本の支援は、他の国とは一線を画したものでした。

　食糧供給はもちろんですが、病院や学校、教育施設をつくったり、井戸水の浄化や井戸掘削の技術を提供したり……。当時は生活もままならない避難民の『未来』のためになるような持続的な援助をたくさんしてもらったのです。

　一度援助して終わり、というのではなく、現地の人々の持続的な発展につながるような計画を立ててくれた。これは何より避難民にとって必要な支援でした。

　我々アゼルバイジャン政府としては、最も厳しかった時代、最も苦労した時代に、日本から助けてもらったことを、いまなお忘れてはいません。

　こうして『なぜ親日国なのか？』という理由を列挙するとキリがありませんが、アゼルバイジャンとしては、今後、日本との関係をさらに良好に、さらに深めていきたいと願っています。

　それにはお互いの国のことを知るための『民間外交』や、ビジネスエリートの存在、あるいはメディアも重要になってくるでしょう。

　現在、アゼルバイジャンの経済における優先事業としては、非石油分野の発展が挙げられます。アゼルバイジャンの石油分野に日本企業（伊藤忠商事等）を誘致することが優先課題だった1990年代とは変わって、2006年以降は非石油分野への日本の誘致が最

も優先すべき課題になっていきました。

　そこで、日本の情報通信技術や再生可能エネルギー、機械工学産業、化学工学といった分野における経験や、投資、ノウハウにより、アゼルバイジャン経済の発展と、日本にとっては新たな市場開拓になることを期待しています。

　さらに、観光はもちろん、教育や科学の分野においても、日本とアゼルバイジャンの架け橋になる人を増やすべく、協力関係をもって日本に留学できる学生の数を増やしていきたいと思っております」

日本人は東から来たトルコ人!?

　親日国である理由について、もう1人、日本からの支援について言及してくれたのが、言語学者であり、バクー国立大学東洋学部のオクタイ・ジェルリベイリ（Oqtay Cəlilbəyli）教授[3]です。

　教授はアゼルバイジャン独立後、政府を通じて日本に行った初のアゼルバイジャン人でした。理学博士になるために日本を訪れたはずが、日本語の魅力に取りつかれ、最終的には言語博士になったという異色の経歴の持ち主で、アゼルバイジャン人と日本人の脳が似ていることから言語も似ているはずだというのが教授の

3）オクタイ・ジェルリベイリ教授は私の卒業論文の指導教員でもある。

言語に関する意見です。

　教授曰く、
「日本は第二次世界大戦以前に隣国を占領した歴史があります。しかし、戦後、日本に対する世界の見方が180度変わりました。日本が平和主義国家となったためです。これは世界が日本に良いイメージを持つようになった大きな要因だったと思います。

　アゼルバイジャンに関していえば、日本は他国を支援する際、リターンを考えないことに対して敬意を払っていることが考えられるのではないでしょうか。日本は無償で援助をしていることも少なくありません。

　アゼルバイジャンは日本政府に科学や教育、医療の分野でかなりのサポートをしてもらっています。私自身も大使館やJICAを通じて2度予算をいただきましたが、どちらも日本語教室の立ち上げや改善に利用させていただきました。日本政府のおかげで、アゼルバイジャンの学生たちが日本語を勉強できる環境が整ったのです。

　こうしたことからアゼルバイジャンでは官民問わず、日本に対して良いイメージや愛情、親近感や尊敬の念を持っているのだと考えられます」
　というのが、「なぜアゼルバイジャンが親日国家であるか？」という疑問に対するオクタイ教授の見解でした。

　確かに、これは日本外務省のホームページのデータからも裏付

けられます。日本政府からアゼルバイジャンへの2015年度までの累計を見ると、

1. 有償資金協力は1001億6200万円
2. 無償資金協力は97億94万円(2015年度までの累計／文化・草の根無償等含む)

なお、技術協力実績は37億51万円(2015年度までの累計)です[4]。

また、アゼルバイジャンを支援している国のランキングで、日本は2011年〜2014年4年連続で第1位なのをご存知でしょうか。

DAC(OECD開発援助委員会)諸国のODA実績
(支出純額ベース、単位:百万ドル)

	1位	2位	3位	4位	3位
2010年	米国 37.84	ドイツ 26.65	フランス 5.13	韓国 4.07	スイス 3.91
2011年	日本 121.79	米国 30.15	ドイツ 23.7	韓国 11.29	スイス 5.84
2012年	日本 171.38	米国 32.7	ドイツ 22.06	韓国 6.2	スイス 4.91
2013年	日本 55.96	米国 35.06	ドイツ 20.91	韓国 10.32	スイス 5.68
2014年	日本 80.80	ドイツ 52.82	韓国 16.67	米国 15.3	スイス 4.29

出典:日本外務省ホームページのデータをもとに著者作成(ちなみに外務省ホームページ上では、出典として"DAC/International Development Statistics"とある)
http://www.mofa.go.jp/mofajarea/azerbaijan/date.html#section1

---

4) http://www.mofa.go.jp/mofajarea//azerbaijan/date.html#section1

その他にも親日国の理由を聞いてみたところ、家庭内の教育やマナー、そしてイスラム教について話してくれました。日本人はイスラム教徒ではないのに、なぜ？　と思われた方もいるかもしれませんね。それはこういうことなのです。

「アゼルバイジャンも日本も同じように世界を西と東に分けたら東の国ですね。また、我々は同じようにアジア圏に位置しています。日本ではおおむね家庭内では子どもが両親のことを尊敬していますし、妻が夫のことを尊敬している。アゼルバイジャンでも同じです。これらはイスラム教に近い考え方だと思います。日本人はイスラム教を信仰していませんが、日常生活を見てみると、イスラム教の価値観に近いと感じます。これも親近感を持つ主な理由だと思います」

　また、興味深いことに、オクタイ教授はご自身の論文の中で、日本人は「トルコ人」だと主張しています。もちろん、私たちアゼルバイジャン人もトルコ民族です。

「今から約2000年前、アルタイ山脈[5]付近に住んでいた人々が、馬に乗って戦いながら中国に行き、その後、朝鮮半島に向かいました。そして船で日本列島に渡ったのです。辿り着いた先で、アイヌ民族やフィリピンから来た人たちと混住するようになり、言語が変わっていきました。

---

5)　西シベリアからモンゴルにまたがる山脈。

一方、一部のアルタイ族は西（ヨーロッパ）へ向かい、アナトリア半島[6]に辿り着きました。現在のトルコ人とアゼルバイジャン人もその継承者です。つまり、私にとって日本人は『西から来た』トルコ人であって、根っこは一緒なんです」

そして、最後に、バクー国立大学と日本のさまざまな大学や教育施設の連携を築き、それを強化していきたい、そして日本語を勉強している学生をもっともっと日本に留学させたい、また日本からも、多くの学生に来てほしいと、非常に情熱的に語ってくれました。

さて、アゼルバイジャンで日本語を勉強する学生たちの意見は？

では、かつての私のようにアゼルバイジャンで日本語の勉強をしている学生たちは、日本についてどのようなイメージを持っているのでしょうか。

そこで、2017年12月に放送された日本の人気バラエティ番組『世界の果てまでイッテQ！』で、「日本語の例文が独特すぎる」[7]とSNSでも話題になったアゼルバイジャン言語大学のヤシャール

---

[6] アジア大陸最西部。トルコ共和国がある。
[7] バラエティ番組「世界の果てまでイッテQ」（2017年12月）の放送回で紹介された、ヤシャール先生がつくった日本語の例文は「彼はいつも一言多いのでみんなに嫌われています」「10円玉がなかったので、キオスクで両替を頼んだら嫌な顔をされた」など。これを先生が読み上げた後に続いて、学生たちが真剣に繰り返す姿が話題になった。

先生(Yaşar İbrahimov)と学生たちに会ってきました。

アゼルバイジャン言語大学で取材に応じてくれたヤシャール先生(左)と、日本語学科の学生たち。学生たちには今後、日本とアゼルバイジャンの架け橋になってほしい

　まず、日本と聞いて思い浮かべるものは？　という質問に対しては、サムライ、芸者、桜、秋葉原、空手、新幹線、ロボット、日本車、浮世絵、『NARUTO』(漫画)、地震が多い国、津波、高齢者が多い国、健康的な国民、漁業が盛んな国、鎖国、原爆が落とされた国、徳川家康、柔道、天災に対して準備をしている国、といった答えが出てきました。中には、ロシアの本で読んだとかで、自殺の名所として有名な「樹海」を挙げた学生も。

　次に、日本の好きなところはどこ？　なぜアゼルバイジャン人は親日家が多いのか？　と聞いたところ、主に挙がったのが、漫画やアニメが好きな人が多いこと、日本とアゼルバイジャンのおもてなし文化の共通性、人と歴史を尊重し合う国民性、家庭教育が似通っている、などでした。

　文化や日常生活の共通点としては、茶道(アゼルバイジャンでは「紅茶」)や、お米の文化(日本の主食がお米であることと、

アゼルバイジャンの「プロフ〈炊き込みご飯〉」なども挙がりました。

　また、これは先ほどご紹介したアゼルバイジャン外務省報道局長や、私の意見とも重なるのですが、戦争に負けても立ち上がり、その後、大きな発展を遂げたことについても挙げていました。やはりアゼルバイジャンのナゴルノ・カラバフ紛争からの巻き返しと重ね合わせ、親近感を持っているようでした。教育施設や医療センターの建設や改善における日本からの支援について挙げてくれた学生もいました。

　ヤシャール先生は、漫画やアニメを通じて日本についての情報を得たり、高品質な「Made in Japan」の製品を通じたイメージや、本や新聞で知った日本人の勤勉さなどから、学生たちは日本に良い印象を持っているのではないか、としたうえで、今後はメディアやSNSを通じてではなく、実際に両国の間での交流を望んでいる、そのときに学生たちが担う役割は大きいと話してくれました。

　学生たちのほとんどが将来的にビジネスマンを目指しています。彼らが今、日本人がアゼルバイジャンでビジネスをするなら、観光業か、農業が一番！　と話してくれました。
　アゼルバイジャンにはリゾート地がたくさんあっても、宿泊設備が用意されていなかったり、整っていないところも、少なくあ

りません。

　また、2章でご紹介したナフタランの石油風呂やナヒチェヴァン自治共和国の塩山のように、伝統的な民間療法ツアーを組んではどうか、というところでも議論が盛り上がりました。観光会社をつくり、アゼルバイジャンでも日本でも対応できるスタッフを雇って、両国が相互に協力できるようにすればいいという意見も出ました。

　ヤシャール先生からは「多くのアゼルバイジャン人は家を買うより、とりあえず車を買いたいというほど車好き。日本車の技術や確かな品質を考えると、アゼルバイジャンで自動車部品やタイヤの工場を協力して一緒につくってはどうでしょうか。そこから、アゼルバイジャンだけでなく、欧州や周辺地域の市場にも打って出るのです」というご意見をいただきました。

　こうして話を聞いてみると、親日家であり、だからこそ文化やビジネスの面で、今後はさらに日本との関係性を強くしていきたいと願っている学生たちの様子が伝わってきました。

　さて、アゼルバイジャン人が親日家である理由が少しはわかっていただけたでしょうか？

　私自身、日頃、日本の友人や知人から「なぜアゼルバイジャンは親日国なのか？」と聞かれることが多かったのですが、どうにも言葉に詰まる場面も少なくありませんでした。

そこで、今回アゼルバイジャンの人々に取材をすることを思い立ったというわけです。他にも、アゼルバイジャンのエリートの新聞である525紙のレシャド・メジド（Rəşad Məcid）氏、パリトラ紙のナミグ・アリエフ（Namiq Əliyev）氏や、フアド・フセインザデ（Fuad Hüseynzadə）氏、国営テレビのファイグ・フシエフ（Faiq Husiyev）氏といったメディア関係の方々にも丁寧に取材に答えていただきましたが、おおむね皆さん同じような意見でした。

　こんなふうにして、両国がお互いについて知っていくこと――それが、少しずつかもしれませんが、関係を深める第1歩になるのかもしれません。

アゼルバイジャン人と仲良くなる方法

谷口 洋和

　さて、ここで親日家のアゼルバイジャン人とより仲良くなる方法を2つご紹介したいと思います。

　アゼルバイジャン人の、特に若者が日本を好きな理由の1つは間違いなくアニメや漫画です。彼らが好きな漫画は『ドラゴンボール』か『ワンピース』かと思ったら、真っ先に出てくるのは『NARUTO』と『セーラームーン』でした。

　この手の漫画を読んだことがないというと本当にがっかりした顔をされるので、『NARUTO』に出てくる好きなキャラクターを答えられる程度にはなっておくことをお勧めします。

　読んだことがなかったら、知ったかぶりをして「カカシ先生」と答えておきましょう。「飄々としたところが好き」と言っておけば、ほぼ同意してもらえます。

　私もアドバイスを受けて知ったかぶって話していたのですが、結局は気になってしまい、帰国後に漫画喫茶に通って『NARUTO』72巻すべてを読みました。その非常に作り込まれた内容に驚き、結果として日本のアニメや漫画のレベルの高さをアゼルバイジャン人から教えてもらったことに。こんなきっかけでもなければ、41歳になって『NARUTO』を読む機会はなかったでしょうから。

Column

　２つ目の方法はアゼルバイジャン人へのお土産について。これに関しては、お菓子が大変喜ばれます。包装がきれいで味もこだわっている日本のお菓子はアゼルバイジャン人に大人気！　変に凝った地元のお菓子を持っていくよりは、抹茶味のキットカットなど、彼らに馴染みがあるものの日本バージョンが喜ばれやすかったです。
　また、手ぬぐいなど日本の伝統的なデザインが伝わるものや、漢字が入ったものも喜ばれます。習字や折り紙などを持ち込んで、一緒に楽しむというのもウケがよかったそうです。これに関しては万国共通かもしれませんね。

　少しお金をかけるなら浴衣やお酒がお勧めです。特に日本酒はアゼルバイジャンで買うととても高いので、お酒が好きな方には大変喜ばれます。
　（お酒を持ち込むときは1.5ℓまでが免税枠〈2018年８月時点〉）

4章 アゼルバイジャン経済事情

独立直後の不況期からの経済大躍進

　アゼルバイジャンは1991年にソ連から独立して以降、独自の経済政策を取ってきました。

　まずは、2016年に出された「アゼルバイジャン共和国の経済見通しに関する戦略的なロードマップ」で4つのカテゴリーに分けられた1991年から2014年までの25年間のアゼルバイジャン経済を振り返ってみましょう。

　1. 経済の全体的な活動状態が沈滞した不況期（1991 〜 1994）
　2. 広く深い経済改革、移行・回復期（1995 〜 2003）
　3. 経済発展・進歩期（2004 〜 2014）
　4. 原油価格下落期（2014年末以降）

1. **不況期**：アゼルバイジャンはソ連から独立直後に、隣国のアルメニアとの戦争に巻き込まれ、領土の20%を失いました。100万人以上の国内避難民や難民が生まれ、貿易パートナー11カ国の経済状況の低迷や、当時の政権のアンバランスな経済政策の影響もあり、経済危機はさらに悪化。この時期はGDP（国内総生産）も年平均17%も減少し、アゼルバイジャンの通貨も著しく下落した時代でした。
2. **広く深い経済改革、移行・回復期**：アゼルバイジャン人にとっては国民的英雄ともいえるヘイダル・アリエフ（Heydər

əliyev）氏が1993年に大統領に就任したことにより、国内政治や経済状況が安定期に入りました。

アゼルバイジャンは資本主義経済へ移行し、戦略的な経済改革が次々と行われ、大規模な土地改革、国有財産の民営化もされた時期です。

ゆくゆくはアゼルバイジャン経済のカギを握ることになる油田開発をめぐる「世紀の契約（1994年9月）」（詳しくはP105）もこの時期に行われました。

市場価格や通貨も安定し、失業率が減少。国民の銀行への信頼も回復されました。国家予算における石油、天然ガスなど化石資源以外の収入源も増えた時期です。

3. 経済発展・進歩期：2004 〜 2010年のうち、最初の6年間は飛躍的な発展時代となっています。

この時代に実現された経済モデルのおかげで、アゼルバイジャン経済は世界で飛躍的に発展することに成功しました。石油の輸出で得られた収入の一部を国内経済へ投資することによって、短期間で中高所得国の仲間入りを果たしたのです。

社会的・経済的なインフラは完全に最新化され、世界の競争力ランキングで（2016 〜 2017）138カ国中37位になりました。ちなみに、隣国のジョージアは59位、アルメニアは79位でした[1]。

特に、2004 〜 2010年の発展期には、アゼルバイジャンのGDP

---

1) 出典：World Economic Forum, The Global Competitiveness Report 2016-2017（http://www3.weforum.org/docs/GCR2016-2017/05FullReport/TheGlobalCompetitivenessReport2016-2017_FINAL.pdf）

は年平均で16.9%成長。石油と天然ガスの価格上昇によって、石油分野への直接投資（Foreign Direct Investment）の決定要因の一つにもなりました。

　2006年にバクー・トビリシ・ジェイハン（Bakı-Tbilisi-Ceyhan：BTC）パイプライン（詳しくはP107）が開業すると、国際経済の舞台に上がり、石油と天然ガスの産出や貿易の持続性を確保しました。

　この時代に、石油による収入が建設業、サービス、行政、防衛、社会保障といった分野の発展に貢献すると同時に、アゼルバイジャンの経済発展を確実なものにしていったのです。

　経済規模は6倍にもなり、1人当たりのGDPも5倍に。銀行分野も発展し、銀行預金額は11倍、ローン額は19倍まで上がりました。

　そんな状況も束の間、2011年以降、経済成長率は減少していきました。にもかかわらず、アゼルバイジャン経済への投資額は増え続けたのです。

4.原油価格下落期：2014年末から始まった世界市場における石油価格下落による影響は、2015年後半からアゼルバイジャン経済に大きな影を落とし始めました。

　米ドルがアゼルバイジャン・マナトに対して2倍近く上がったことが、財政悪化につながり、公的債務返済の負担が増えたのです。

　そのため、アゼルバイジャン政府としては、経済の復興や活性

化を図るために、経済政策の徹底や制度の改革を行いました。

　非石油分野におけるさまざまなプロジェクトも実施したため、特に、農業・観光業では発展が見られるようになってきました。

独立後のアゼルバイジャンの発展は石油のおかげ

　これまでにも度々触れてきましたが、いうまでもなく、アゼルバイジャンがここまで発展してきた背景には、資源である石油がカギを握ったといえます。石油を海外に輸出することによって得た資金を利用し、国の経済力を強化することで飛躍的な発展を遂げてきたといえるでしょう。

　1991年にソ連から独立したアゼルバイジャンは経済力もなく、国も不安定でした。経済も政治も徐々に安定期に入っていったのは、「建国の父」といわれるヘイダル・アリエフ政権が1993年に誕生して以降。特に経済発展のカギとなったのは「世紀の契約」（Əsrin Müqaviləsi）で、アゼルバイジャン国営石油会社SOCAR（State Oil Company of Azerbaijan Republic）と世界の大手企業の間で結ばれた契約のことです。

　4カ国語で作成され、400ページにもわたる「世紀の契約」は、世界の8つの国（アゼルバイジャン、米国、イギリス、ロシア、トルコ、ノルウェー、日本、サウジアラビア）から13の企業（BP〈イギリス大手石油会社〉、SOCAR、伊藤忠商事等）が参加し、

アゼルバイジャンの将来の経済発展に大きく貢献した大型の石油プロジェクトでした。これにより、アゼルバイジャンの石油戦略・石油ドクトリンの基盤がつくられました。

「世紀の契約」の株主構成

株主	国	保有率
SOCAR	アゼルバイジャン	20%
BP（British Petroleum）	イギリス	17.13%
Amoco	米国	17.01%
Lukoil	ロシア	10%
Pennzoil	米国	9.82%
Unocal	米国	9.52%
Statoil	ノルウェー	8.56%
McDermott International	米国	2.45%
Ramco	スコットランド	2.08%
Turkish State Oil Company	トルコ	1.75%
Delta-Nimir	サウジアラビア	1.68%

「世紀の契約」は炭化水素埋蔵量や投資額の大きさの面でも世界最大の投資プロジェクトの1つ。
出典：https://www.azer.com/aiweb/categories/magazine/24_folder/24_articles/24_aioc.htmlのデータを基に筆者作成（最終閲覧2018年3月27日）

カスピ海のアゼルバイジャンセクターにおける「アゼリ・チラグ・グネシリ（Azəri-Çıraq-Günəşli：ACG)」油田開発を目指したこのプロジェクトは大成功を収め、アゼルバイジャン経済も潤うようになったというわけです。

ACG油田の可採埋蔵量は約54億バレル（1バレル＝約159リッ

トル)とされ、イギリスのBP社がオペレーター(共同事業者のうちパートナーを束ねてプロジェクトの計画立案や開発作業の遂行の中核的な役割を担う企業)になっています。ちなみに日本の企業としては、伊藤忠商事(権益4.30%)や国際石油開発帝石(〈=INPEX〉権益10.96%)も同プロジェクトに参加しています。

アゼルバイジャンの原油は、主にバクー・トビリシ・ジェイハン(Bakı-Tbilisi-Ceyhan:BTC)パイプラインを通じて、ジョージアやトルコを経由し地中海に運ばれ、そこから石油タンカーでヨーロッパに輸出されています。

2006年6月から操業をスタートしたBTCパイプラインの総延長は1,768km(うちアゼルバイジャンは443 km、ジョージアは249 km、トルコ1,076 km)もあり、ロシアのドルジバパイプラインに次いで世界第2位の規模の石油パイプラインです。最大流量は一日当たり100万バレルとなっています。

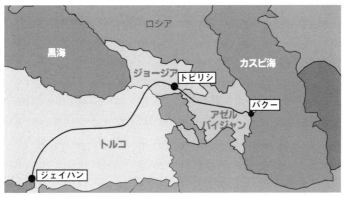

BTCパイプライン

アゼルバイジャンの資源が世界情勢を動かす!?──各国の思惑

　ここで注目すべきはBTCパイプラインにはロシアが参加していないことです。

　計画当初、ロシアはBTCパイプラインをロシア領に通すことを強硬に主張していましたが、認められないとなると一転、参加を拒否しました。こうして、ロシア不在でパイプランが開通したことで、アゼルバイジャンは原油輸送における「脱ロシア化」に成功したという指摘も多いのです。

　BTCパイプラインは、オペレーターのBP社が主導するコンソーシアム（いくつかの企業がシェアを決めて1つの事業を遂行する形態）によって所有されていますが、日本の伊藤忠商事（権益3.4%）とINPEX（権益2.5%）も参加しています。

　BTCパイプラン開通から約10年間で、実に3億1266万920トンもの石油の流量がありました[2]。これはアゼルバイジャンの石油・天然ガス分野の開発におけるSOCAR社の努力の賜物であることは否めません。

　SOCAR社はこれまで海外25社と契約を結んできました。その結果、1995年〜2013年の18年間で、アゼルバイジャンの石油・天然ガス分野への投資額は約516億米ドルにも上るのです[3]。そし

---

2) 出典：アゼルバイジャン国営通信。
3) 同上。

4章　アゼルバイジャン経済事情

て、今はアゼルバイジャン国内だけでなく、海外でもさまざまな形で大型プロジェクトに参加しています。

BTC Co.（コンソーシアムが設立した操業会社）の株主構成

株主	国	保有率
BP	イギリス	30.10%
SOCAR	アゼルバイジャン	25.00%
Chevron	米国	8.90%
Statoil Hydro	ノルウェー	8.71%
TPAO	トルコ	6.53%
Eni/Agip	イタリア	5.00%
Total	フランス	5.00%
Itochu	日本	3.40%
Inpex	日本	2.50%
Conoco Phillips	米国	2.50%
Hess Corporation	米国	2.36%

出典："BTC Celebrates Full Commissioning. Press Release". BP（2006年7月13日）をもとに筆者作成

現在ではアゼルバイジャンの石油は世界30カ国、天然ガスはジョージア、トルコ、ロシア、イラン、ギリシャへ輸出されています[4]。

アゼルバイジャンはその石油戦略の成功によって、世界で、天然ガスの輸出者＝提供者としても注目を集め、期待されるようになりました。1999年6月にはカスピ海沖でシャフ・デニズガス田が発見され、その総埋蔵量は約1.2兆立米とされています[5]。

---

4) 出典：アゼルバイジャン国営通信。
5) アゼルバイジャン国営通信。

南コーカサスパイプライン

　発見後、"シャフ・デニズ１"企画が進められ、2006年からは商業生産がスタート。それまで国内需要の約半分をロシアから輸入していたアゼルバイジャンでしたが、2007年から天然ガス輸入国から輸出国へと変貌を遂げたのです。

　同年にはアゼルバイジャンの天然ガスをヨーロッパへ輸出する目的で、総延長997km、流量力は年間で200億立米[6]にも及ぶ南コーカサスパイプライン[7]がつくられました。

　現在はトルコを通じて、ギリシャやイタリアを含む欧米へ供給する"シャフ・デニズ２"の企画も進められています。

　欧州へガス供給をしているロシアとヨーロッパ諸国の緊張関係や、ロシアへの制裁導入を考えるとわかるように、アゼルバイジャンの天然ガスは、政治的な側面からもEU諸国にとって大変貴重になるというわけです。

　そして、2018年５月には欧州委員会のイニシアティブで、南コ

6）アゼルバイジャン国営通信。
7）別名バクー・トビリシ・エルズルムパイプライン、あるいはシャフ・デニズパイプライン。

ーカサスパイプラインと、トルコ領を主とするTANAP（トランスアナトリア・ガスパイプライン：Trans Anatoria Gas Pipeline）、ヨーロッパを起点とするTAP（トランスアドリアティック・ガスパイプライン：Trans Adriatic Gas Pipeline）の3つのパイプラインで構成する総延長約3,500kmの南ガス回廊（Southern Gas Corridor）プロジェクトが進められています。

　この総投資額450億米ドルにも上る南ガス回廊の天然ガスの主要供給は、当面、アゼルバイジャンのシャフ・デニズガス田です[8]。このようにアゼルバイジャンは欧州のエネルギーセキュリティ確保にも努めており、ヨーロッパ諸国にとって、とても重要なパートナーになりつつあります。

　2014年の石油価格下落により、それまで発展を続けていたアゼルバイジャンの経済成長率は思うように伸びませんでした。しかし、これらのエネルギー計画の結果、ゆくゆくは再び2桁のGDP成長を遂げることになるでしょう。少なくとも、アゼルバイジャン経済の飛躍的な発展に大きく貢献することは間違いないと思います。

アゼルバイジャンの今後を握るロードマップ

　4章の冒頭で少し触れましたが、2016年12月6日、政府が出し

---

[8] 将来的には中央アジア、特にトルクメニスタン産のガスも視野に入れている。

た「アゼルバイジャン共和国の経済見通しに関する戦略的なロードマップ（Azərbaycan Respublikasının milli iqtisadiyyat perspektivi üzrə Strateji Yol Xəritəsi)」の核となるのは、合計11の分野に関する12項目を中心に経済の多角化を進めようというものでもあります。これは、2020年までの経済発展戦略と行動計画を定めた短期的視点、2025年までの中期的視点、2025年以降の長期的視点と３つのタイムスケジュールからなっています。

　短期的な戦略に課せられたものは、最優先すべき事項にフォーカスしつつ、中長期時代における経済発展の土台づくりです。

　すでに現時点で観光業や農業といった非石油分野における発展が見られるようになっています。

　では、政府はなぜこのようなロードマップをつくったのでしょうか。

　その要因となるものが、2014年に起こりました。2014年までの過去10年間、アゼルバイジャンの経済発展のスピードは世界でもトップクラスにありました。

　アゼルバイジャンの国家統計委員会の情報によれば、2004年〜2010年の年平均経済成長率は16.9％、アゼルバイジャン経済への投資は年平均17.9％とかなり高かったのです。

　そして、先ほども申し上げたように、石油戦略が大成功したことによって国家資産は大幅に増加。GDPを上回るほどの潤沢な資金が創出されました。その収入を活用して、国内のインフラ整備、非石油分野発展の支援、社会福祉の改善が進んだのです。

ところが、2014年に石油価格が下落。さらに、アゼルバイジャンの主な貿易パートナーの経済状況の悪化により、我が国の経済発展も減速し始めたのです。2011年〜2014年の間には、年平均経済成長率が2.7％に、アゼルバイジャン経済への投資は年平均11.9％にまで下がってしまいました。

そのために、アゼルバイジャンは新たな経済発展モデルへの移行を余儀なくされ、経済発展を持続的で確実なものにするためのモデルが徹底的に調査されたのです。

今後のアゼルバイジャン経済は、「アヴァンギャルドセクター（先端的分野）」に注目しながら、国営企業よりも民間企業、生産よりも加工、低度技術より高度技術を要する分野、低熟練労働よりも高度の熟練労働を必要とする分野、低価格の市場よりも高価格の市場を発展させることにより、経済バランスを改善し、安定を図る戦略へと変わりつつあります。また、こうした流れを受けてビジネス環境もより良くなることが期待されます。

加えて、新たな金融政策とその健全化、通貨政策の改善、海外進出する可能性の向上など4つの動きにより、経済事情はさらに良くなると考えられています。

●1つ目は、財政の安定と変動相場制に基づいてつくられる金融政策。財政と金融政策のバランスによって、マクロ経済の安定の確保が考えられます。

●2つ目は株式市場について。国営企業の多くを民営化することによって、経済的なダイナミズムが期待できます。

●3つ目は、人的資本の開発についてです。国家経済政策を実現させるため、先端分野における新たな労働市場を担う人材を育てていくことが考えられます。
●最後に4つ目は、ビジネス環境のさらなる改善によるアゼルバイジャン経済の持続的な発展です。

現在、アゼルバイジャンが注目しているのは、人口が増加傾向にあるアジア市場や開発途上国の東南アジア諸国です。

というのも、アゼルバイジャンはユーラシア大陸のド真ん中にあり、北と南、西と東を結ぶ国ですから、アジア諸国の経済成長はアゼルバイジャン経済にも大いに影響すると考えられます。

また、国家としても、民間企業においても、バイオテクノロジー、ナノテクノロジー、情報、通信、産業、金融等の分野においても、高度な最新技術を取り入れる環境を整えることも急務です。最新技術の輸入と同時に、それを使いこなせる人材開発も併せて行う見込みです。

数字から見るアゼルバイジャンの発展

アゼルバイジャン国家統計委員会のタヒル・ブダゴフ（Tahir Budaqov）委員長の話によれば、2004〜2017年には、アゼルバイジャンのGDPは3.2倍、工業生産は2.6倍、農業生産1.7倍、予算

4章　アゼルバイジャン経済事情

目まぐるしく発展するバクー（左：1990年のバクー〈出典: Wikipedia Didzis Sedlenieks〉、右：2018年のバクー〈出典:https://www.azernews.az/culture/127504.html　Laman Ismayilova〉）

収入は13.5倍、月平均名目賃金は6.8倍、最低賃金は12.9倍に増加するという発展を遂げました。逆に失業率は9.2%から5.0%に、貧困率は44.7%から5.4%にまで減少したのです。

中でもアゼルバイジャンの情報通信分野は最も飛躍的に発展しました。2003年と比較して2017年には、情報通信サービスの価値（株価を含めた総資産価値）は実質11.2倍増加し、年平均18.8%も増えたことになります。

2017年には、アゼルバイジャンの小売貿易ネットワークによって353億マナトの商品が販売されました。これも2003年と比較すると3.8倍増えていることがわかります。

そのうち11.8%は商業企業、55.5%は個人事業主、32.7%は市場やフェアで販売されました。食料品、お酒類やタバコの小売貿易額は2.4倍増の179億マナトに達し、そのうち非食料品（日用品など）の貿易額は実質8.7倍増となるなど、非食料品に対する売買力は年々増えています。

2003年の消費者製品市場では、非食料品の割合は30.8%だった

のに対し、2017年には49.3%まで上がりました。

　また、2017年に国家予算から国民の社会保障に充てられた支出は、2003年と比べて11.0倍、経済発展を図るための支出は18.2倍増加しました。

　さらに、2018年1月1日現在では、アゼルバイジャンで登録した法人数は118,594になり、14年前と比べて1.9倍になっています。なお、個人事業主は5倍に増え、79万4,441に達しました。

　また、第1章でもご紹介したように、観光事業も石油以外の産業の大きな軸となっています。2017年には観光客の数も2005年と比べて2倍以上になっています。ちなみに観光目的で外国に行くアゼルバイジャン人の数も、2005年と比較して2.2倍増加し、410万8,900人に達しています。

農業が後押しする経済発展

　多くの国と同じように、現在、アゼルバイジャンでも経済発展において重視されている分野の一つとして農業が挙げられます。タヒル会長によれば、2003年と比較して2017年の農産物生産は1.7倍増加し、年平均3.7%増えているといいます。また、農作物の播種面積は36.6%増え、121万9,500ヘクタールから166万5,600ヘクタールまで増えました。

　特に、綿花は2015年から2017年の間で、播種面積が7.3倍、生

産が5.9倍増加し、20万7,500トンに達しました。

穀物（トウモロコシ含む）においては、2017年には292万8,800トン収穫され、2003年と比べて42.3％増加しています。とりわけ小麦（17.6％）、大麦（2.4倍）、トウモロコシ（64.6％）などは大幅な増加が見られます。また、サトウキビの生産量は27万900トンから39万9,800トンまで増加しました。

ジャガイモは2017年に5万8,800ヘクタールの畑から91万3,900トンの収穫が、ジャガイモ以外の野菜は、6万9,400ヘクタールの畑から140万5,600トンの収穫がありました。2003年と比較して、それぞれ18.8％と34.3％増となっています。

2017年に1万6,500ヘクタール増えた新たな果物畑を含めて、18万6,400ヘクタールの畑で果樹が植えられ、すでに95万4,800トンの果物が収穫されています。果物における播種面積は2003年と比較して2.1倍、生産量は66.9％も増加しています。

中でもアゼルバイジャンでは重要な生産物であるヘーゼルナッツの畑は増え続けています[9]。アゼルバイジャンはヘーゼルナッツ生産量で世界TOP3を目指しており、現在、海外に輸出されている農産物の中で、トマトに次いで2位の収入源になっているということです。ヘーゼルナッツ畑の総面積は、ゆくゆくは8万ヘクタールになるとのことでした[10]。

9）2017年アゼルバイジャン全国でヘーゼルナッツの木が植えられる地区が調査され、ザガタラ、バラカン、カチュマズ、ガク、グバ、グサル、イスマイユッル、ガバラ、シャブラン、オグズ地区やシェキ市では10,700ヘクタールの新たなヘーゼルナッツ畑が作られた。
10）出典：アゼルバイジャン政府の機関紙、人民紙　http://www.xalqqazeti.com/az/news/social/101715

2017年に309,2ヘクタール増え、1万6,100ヘクタールになったブドウ畑からは15万2,800トンのブドウが収穫されました。2003年と比べてブドウ畑の面積は8,400ヘクタール（2.1倍）、ブドウ生産量は8万7,800トン（2.4倍）増加しました。

　畜産業においても成長がみられます。法人による畜産物生産は2003年と比較して2017年に4.2倍、年平均10.7%増加しました。個人事業主、個人農家は1.6倍、年平均3.6%増加しています。

　同期間に食肉70.7%、酪農生産（牛乳及び乳製品）は73.3%、卵は2.5倍、ウール32.2%増加しています。

　2004年と2018年を比較すると、羊と山羊の数は118万5,500頭（16.3%）増加し、846万5,600頭になりました。2018年1月1日現在、アゼルバイジャンには、128万9,800頭の牛と水牛がいます。2014年と比べると19.5%増えています。

経済発展を後押しするのは石油分野だけじゃない⁉

　近年、アゼルバイジャンでは多くの工業団地もつくられていて、その結果、2017年に工業団地内の企業における生産高は1億4,440万マナトでした。

　2003年の民間企業の生産商品は全体の56.8%だったのに対して、改革の結果、79.9%まで増加しています。これはアゼルバイジャンにおける自由な企業環境の形成（起業のしやすさや起業後の良

好なビジネス環境）により、個人事業主という新たな所有形態を生み出したためだと思われます。

　2004 〜 2017年には、基本的な資本（国内〈国家・民間企業含む〉及び海外からの資本）は1,629億マナトに達し、そのうち65.9%は建設及び設置作業へ。そのうち958億マナトは商品生産施設に、559億マナトはサービス用施設に、112億マナトは住宅（総面積：2,610万㎡）建設のために使用されました。

　基本的な資本の63.2%は国内の投資、36.8%は外国の投資によるものです。

　この期間、石油分野へ645億マナトの投資、非石油分野へは984億マナトの投資がされました。

　2017年に、非石油分野の発展のため、71億マナトの投資がされましたが、2003年と比較すると5.9倍に増加しました。

　2017年にイェブラフ地区では養殖工場、ガダバイではレモネード工場が新設。

　ナヒチェヴァン自治共和国では自動車工場、工業団地、太陽光発電所、ガダバイ地区では「ガダバイ」変電所（35/10kv）、ガク地区では変電所（110/35/6 kv）、ゴイゴル地区では共和国人工授精センター、グバ地区では絨毯・絨毯製品工場、ネフチャラ地区で産業団地や変電所（110/35/6kv）、サアトリ地区で変電所（110/35/10 kv）、サビラバッドで養鶏場、中央病院、サルヤンでは変電所（110/35/10 kv）、ザガタラでも変電所が建設されるなど、2017年も大いに注目すべき年となりました。

アゼルバイジャンの西部、サムフ地区にある太陽光パネル（出典：http://az.president.az/articles/25001）

　首都バクーは近年の目を見張るような発展が度々話題になりますが、上記のような地方においても、工業団地や工場、変電所、再生可能エネルギーの施設などが次々につくられ、地方経済の活性化や強化、雇用の創出等を図っています。

　例えば、再生可能エネルギーとしては、ナヒチェヴァン自治共和国やサムフ地区、スムガイト市等に太陽光パネル工場がつくられ、アゼルバイジャン独自の太陽光パネルも製造しています。また、工場の建設などにより、海外輸出用の商品の数や種類も増えています。

　タヒル委員長によれば、アゼルバイジャンからは2004〜2017年の間に186億米ドル相当の石油以外の商品が輸出されたといいます。ちなみに税関当局で登録されているものの、まだ手続きが完了していない輸出用の石油と天然ガスの統計値も考慮すると、

外国との貿易総額（2017年）は242億5760万米ドル、うち輸出は154億7560万米ドル、輸入は87億8200万米ドルとなっています。

アゼルバイジャンの福祉・教育

日本も含め、近年、先進諸国では少子高齢問題が取りざたされていますが、アゼルバイジャンの出生率は1.96（日本1.46〈2015年時点〉）です。2017年に人口は88,100人（0.9％）増え、2018年1月1日現在では、989万8100人になりました。2018年度中にはおそらく1,000万人になるでしょう。

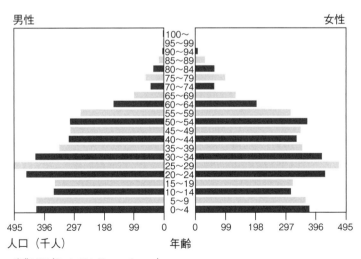

出典：CIA（Central Intelligence Agency）
https://www.cia.gov/library/publications/the-world-factbook/geos/aj.html

アゼルバイジャン政府の課題の一つとして、教育分野の発展が挙げられます。

2003年と比較して2017年には教育分野発展のために使われた国家予算が7.4倍も増加し、17億4280万マナトになりました。

2004〜2017年には1,385の新しい学校（51万4,800人の生徒が教育を受けられる）、学校に上がるまでの施設（保育園と幼稚園）の数は202（2万839人分）になりました。2017〜2018年には4,410の国立、28の私立学校で合計152万人の生徒が教育を受けていたことがわかっています。

また、2009年に出された「2009〜2013年におけるアゼルバイジャン高等教育システム改革に向けて国家プログラム」のおかげで、ヨーロッパ教育に近づいていくことになりました。

2017〜2018年には、国内で39の国立、12の私立大学（大学院）、16万7,677人の学生が教育を受けていて、2003〜2004年と比べて38.0%も増えているのです。

研究につけられる国家予算も徐々に増えてきました。2003年には1,660万マナトだった研究費が、2017年には6.6倍増の1億980万マナトにまで上がりました。

教育関連企業においても、2003年と比較すると2017年初頭には31.0%も増え、135の教育関連企業で2万2,000人以上の専門家が働いています。

この他、図書館やクラブ施設、博物館、劇場やコンサートホール、文化会館もここ十数年でずいぶん新設され、利用する人たち

も増えています。

交通分野の発展（物流・輸送）

　国の経済発展には、交通分野の担う役割も大きいと考えられます。

　アゼルバイジャンの交通分野におけるGDPは2017年に6.8%となり、2003年と比較して同分野で生み出された付加価値量は2.8倍増加しています。

　輸送量は2003年と比べて2017年には2.1倍に増え、貨物輸送量2.7億トンに達して、旅客輸送量は20億人にも上りました。

　特に自動車での貨物輸送が目立っています。2003年から2017年の間に2.5倍に増え、1億4,490トン、旅客輸送は2.2倍増加し、17億3970万人に達しました。

　2018年1月1日現在、人々が所有する自動車の数は134万2,300台に達し、平均すると1,000人のうち135人は車を持っている計算になります。ちなみに2003年には1,000人に48台の計算でした。現在は100世帯のうち52世帯がマイカーを持っています。

　2006年にはBTK（バクー・トビリシ・カルス）石油パイプラン、2007年にはBTE（バクー・トビリシ・エルズルム）ガスパイプラインが開業したことで、石油と天然ガス輸送も増加しました。2017年には石油パイプランを通じて4,270万トン（2003年比3.8倍）、

ガスパイプラインを通じて221億立方メートル（2003年比2.7倍）のガスが輸送されています。

また、2017年10月30日に開業したBTK（バクー・トビリシ・カルス）鉄道線によって、輸送分野での発展への期待がさらに高まっています。

アゼルバイジャンの医療事情はどうなっている？

2017年に、医療に充てられた国家予算は7億470万マナトでした（2003年比12.7倍）。その結果、地方でも近代的な設備の整った病院や診療所がつくられました。ちなみに2004〜2017年の間に106の病院(8,119床)、156の外来診療所がつくられています。

アゼルバイジャンでは、国立病院は医療費がかかりません。無料です。私立病院では、基本、全額患者さん負担です。医療保険は義務ではなく任意で、最大20％カバーしてくれます。80％は患者さんが払う必要があります。アゼルバイジャンでは医療保険を義務づけ、さらに徹底しようとする動きも見られます（人口ピラミッドはP121参照）。

2017年初頭のデータでは、アゼルバイジャンには3万2,200人の医師、5万4,500人の看護師がおり、569の病院、1,758の外来診療所、79の救急ステーション、387の女性相談所、子供クリニック、65のサナトリウム・レジャー施設があることがわかっています。

4章　アゼルバイジャン経済事情

　2003年と比べて2016年には、外来診療所における診察人数は19.3％増加し、さまざまな感染症患者の数は著しく減少。一部の感染症にいたっては完全になくなったのです。

　現在も地方では設備の整った病院の新設や、すでにある病院の改善が次々に進められています（アゼルバイジャン大統領が2014年2月27日に出した政令により）。

　また、国民の健康を守るという面においては、環境問題の課題も見過ごせません。環境をより良く、国民の健康を保つために、これまで多くの国家プロジェクトが立ち上げられてきました。

　環境の保護や健全な環境づくり、天然資源の有意義な使用、国民の福祉向上に関する問題はいつも注目され、ここ15年間で多くの仕事がなされてきました。

　2003年には環境保護のために使われた予算がわずか3万マナトだったのに対し、2017年の予算は1億1740万マナトにもなりました。

　飲水供給も充実し、今では最新技術が使われています。総延長262.5kmにもなるオグズ・ガバラ・バクー水パイプライン（Oğuz-Qəbələ-Bakı su kəməri）の建設事業が2005年に開始され、2010年に開業したおかげで、バクー市民の水供給が充実しました。また、バクー市では家庭の廃棄物処理工場もつくられました。

　加えて、バクー市では、石油で汚染された地域の緑化が進み、公園の数も増えました。かつては草も生えなかったような場所が、今では子ども連れの家族が遊ぶ緑豊かな施設になっています。

125

日本人から見た変わりゆくアゼルバイジャン！

谷口 洋和

　4年前から半年に一度はアゼルバイジャンに行っていますが、いつもなにか新しい巨大な建物が建設されています。ショッピングセンター、マンション、スポーツ施設が新たに造られ、行く度に高級車の割合が増え続けており、旧ソ連時代の四角い車はほとんど見かけなくなりました。

　一方、ほとんど改善されていないどころか、悪くなっているのが交通状況。朝晩の通勤ラッシュは悲惨ですし、交通マナーもあまり良くはありませんので、レンタカーは借りないほうが無難でしょう。急ピッチな開発にGoogle Mapのアップデートも追いついておらず、タクシーの運転手さんが知らない道をアプリで指示しても、その道自体がないことも何度かありました。

　ひと頃に比べると物価もだいぶ安くなり、日本人旅行者にとってはより快適な街となりました。原油の下落により1マナトの価値が4年で約150円から65円へと大暴落したためです。比較的割高といわれる日本食居酒屋に行って2時間たっぷり飲んで食べても3,000円ほどでした。

　日本食の味は現地でカスタマイズされているので、よく「本物

Column

の日本食を！」という流れになりがちですが、現地の人に合わせたほうが馴染みやすく売りやすいのです。一度、アゼルバイジャンの展示会で出汁の試飲をしたことがありますが、7割以上の方が匂いだけで顔をしかめていました。日本食についても、時間をかけてPRしていく必要があると思います。

　そうしたこともあって、海外の和食レストランは日本ではなく、中国や韓国資本が儲けていたりします。私たちは少し客観的な視点を持つ必要があるのかもしれません。

5章 アゼルバイジャンは日本人にとってビジネスチャンスの山!?

なぜアゼルバイジャンでのビジネスがおすすめなのか？

　アゼルバイジャンは現在、主に輸出入と海外からの投資集めに力を入れています。アゼルバイジャン産の安価で高品質の農産物等を海外に輸出し、輸入依存を下げるためです。

　アゼルバイジャンの経済省附属「AZPROMO（アゼルバイジャン輸出投資促進庁）」のデータによると、アゼルバイジャンから海外へは主に果物、野菜、アルコール類、ソフトドリンク、砂糖、オイル類、茶葉、プラスチック製品、化学製品が輸出されています。

　輸入は、主に、日用品、機械、タバコ、薬剤、メタル類、自動車やその部品等です。

　現在の主な貿易相手国は、ロシア、トルコ、ドイツ、イタリア、フランス、米国が挙げられます。

　アゼルバイジャンは地理的にシルクロード上にあり、国際貿易におけるとても重要な位置にあります。ここから飛行機で4時間以内で行ける国は世界50カ国もあるのです。つまりはビジネスの可能性も無限にあるということ。

　人口は約1,000万人と決して多くはありませんが、アゼルバイジャンの市場をその人口だけで見るともったいないことになると思います。なぜなら、アゼルバイジャンは、ロシア、ウクライナ、ジョージア、カザフスタン、キルギス、タジキスタン、ウズベキ

スタン、モルドバ、ベラルーシと自由貿易協定を結んでいます。つまり、アゼルバイジャン市場へ進出することは、約2.7億人の消費者が存在する旧ソ連圏やジョージアの市場に出るチャンスにもなると考えられるからです。

また、一般的には世界から好意的に見られていないかもしれませんが、可能性としては大きな市場を持つイラン（人口8,000万人〈2016年〉）やイラク（人口3,720万人〈2016年〉）、アフガニスタン（2,916万人〈2016年〉）といった市場にも進出できるようになります。

アゼルバイジャンには5つの国際空港があり、首都バクーはトビリシを通じて、トルコのカルスまで鉄道でも結ばれています（バクー・トビリシ・カルス高速鉄道〈7章参照〉）。

さらに、1千万トン以上のカーゴの受け入れも可能なバクー国際貿易海港も、カスピ海周辺国との貿易における重要な役割を担っていることも忘れてはいけません。

アゼルバイジャンでビジネスがしやすい理由

世界銀行が毎年行っている起業のしやすさランキングで、アゼルバイジャンは世界第7位という上位にいます（2016年度）[1]。

---

1) 出典：WB, Doing Business Report 2016

なぜアゼルバイジャンでのビジネスがおもしろいのか、その理由についてさらに挙げてみましょう。

　まず1つ目はビジネスがしやすい環境です。

　海外を目指す企業がよく直面する課題の1つとして、現地の個人や法人とパートナーになる際に出される条件だと思います。

　現地側の利益も考えないといけませんし、場合によっては、利益のほとんどを持っていかれることも少なからずあります。

　しかし、アゼルバイジャンへ投資をするにあたっては、現地の人を雇用することや、パートナーになることは義務づけられていません。すべて任意なのです。

　また、すべての投資家に、同権、同じ可能性があり、投資促進文書を持っている法人（Holders of Investment Promotion Document）や産業地住民（工業テクノロジーパークの入居者）には、最初の7年間所有税や土地税が免除されています。輸入した機械や技術設備の付加価値税も、最初の7年間は免除されます。さらに法人税は通常の50％も減税されるのです[2]。

　また、ビジネス登録が2日間で完了すること、10営業日で無期限のライセンスを取得できることも、魅力だと考えられます。

　それから、アゼルバイジャンに進出する場合、投資環境をサポートする10のポイントも特筆すべきものがあると思います。

---

2) アゼルバイジャン経済省附属 AZPROMO のオフィシャルサイト
http://azpromo.az/en/investments/business-environment

- 法人の点検（税金、人の健康、国の安全保障を除く）がないこと。
- 外国人投資家と現地人投資家の差別化戦略が存在しないこと。
- 外国から投資をする際、事前に許可を得る必要はないこと。
- 海外との取引に制限がないこと。
- 投資を動かすために必要な為替レートのライセンスは不要。
- 法人が持つ外貨量に制限はないこと。
- 技術の持ち出しにおける制限はないこと。
- 所有権における法的制限はないこと（現地法人がアゼルバイジャンで所有している物に対しても、地元人と同じように法的な制限がないということ）。
- 収入の送金における制限がないこと。
- 現地人（アゼルバイジャン人）のパートナーが必要ないこと。（もちろん、相互理解・相互尊重のある人と一緒にビジネスをしてもいいが、義務ではなく、外国人のみでビジネスをスタートさせることができる[3]）

こうしたポイントからも、いかにアゼルバイジャンが投資家をサポートしているかが一目瞭然だと思います。国を挙げて海外の企業を歓迎する制度と体制がすでにできているのです。

---

[3] アゼルバイジャン経済省附属 AZPROMO のオフィシャルサイト
http://azpromo.az/en/investments/business-environment

日本企業や日本人にとって有利なアゼルバイジャン進出

　現在、アゼルバイジャンではIT業も大きな発展を遂げており、実は非石油分野の中で最も利益を上げているのです。実のところ、Wi-Fi環境の普及率は旧ソ連圏第1位で、GDPにおける割合は現在2％。IT業のワーカー数は2万7,000人で、その売上高は160億マナト（約993億9,487万7,081円）です。2010年以降は、IT業に20億米ドルも投資された[4]ことも大きな要因の一つだと考えられます。

　また、国際ビジネスをするうえでは、どうしてもその国のイメージや認知度などが大きく影響します。オイルマネーで潤ってきたアゼルバイジャンは、これまで多くの国際的なイベントを開催し、その認知度は次第に上がっています。

　1章でご紹介したように、2015年には第1回ヨーロッパオリンピック大会やF1アゼルバイジャングランプリを開催したり（2016年～2020年までの5年間契約）、2025年の万博開催地に大阪、ロシアと共に立候補もしています。2018年9月には柔道の世界選手権もバクーで開催されました。

　日本との関係もかなり良好で、2016年1月24日からヘイダル・アリエフ国際空港と小松空港（石川県）との間で、貨物直行のチャーター便を飛ばしています。

---

4) http://azpromo.az/az/investments/sectors#tab-block-117　最終閲覧2018年3月28日

2017年12月からは週1で関西空港との間で貨物直行定期便を就航することになりました。共に、アゼルバイジャンの貨物航空会社シルクウェイ・ウエスト・エアラインズ社によるもので、首都バクーから就航します。機材はボーイング747（最大貨物積載量は100トン超）を使用することになっています[5]。

2019年には、日本とアゼルバイジャンを繋ぐ旅客直行便就航の話も進められ、政府関係者などの話でもよく耳にします。

<u>日本国籍の方はアゼルバイジャンに入国する際、ビザが必要ですが、2016年2月1日よりアゼルバイジャンの国際空港では、顔写真がなくてもパスポートだけあれば、無料でビザ取得ができるようになりました。</u>

注意事項 2018年8月時点で、空港の近代化はさらに進んでいます。空港の職員と話すことなく、自分で直接、設置された機械でビザを取得できるようになりました。スピーディで、面倒な質問などもなく、より便利に、快適になりました。機械へは英語で入力しますが、どうしても難しい場合は、近くにいる担当者にお願いすれば手伝ってくれるので、ご安心ください。

ただ、一つ気を付けていただきたいのは、アゼルバイジャンの国際空港で、無料で取得できるビザの種類について。これは一般

---

5) http://www.aviationwire.jp/archives/135735　最終閲覧2018年3月28日

査証（30日間有効の観光ビザ）といわれるものです。それ以外のビザ類については、事前に東京にあるアゼルバイジャン大使館に問い合わせすることをお勧めします[6]。

注意事項 ぜひとも知っていただきたい情報は他にもあります。1章でも触れましたが、ナゴルノ・カラバフ地方は法的にはアゼルバイジャンの領土であるものの、実際のところ、アルメニア共和国の占領下に置かれています。そのため、アゼルバイジャン領土からはナゴルノ・カラバフ地方に入ることはできません。

アルメニアからなら訪れることができますが、ナゴルノ・カラバフに入ると、アゼルバイジャン外務省のブラックリストに入ってしまい、アゼルバイジャンへの入国が禁止されてしまうのです。

この事実を知らずにアルメニアを経由してナゴルノ・カラバフ地方に入ってしまった場合、アゼルバイジャン政府宛に謝罪の手紙を書けば、アゼルバイジャンへの入国が許可されることもあります。

たとえていうなら、外国人が北方領土に日本政府の許可なく、ロシア領土を通じて行くと、日本政府の怒りを買うのと似たようなものだと考えていただいて結構です。

また、ビザは国際空港で取得できるものであって、車などで国

---

6) ビザ制度について詳しくはhttp://www.az.emb-japan.go.jp/009jp.htmlも参照ください。

境を通じて入国する場合は、あらかじめビザを取得しておかないといけないのでご注意ください。

　一方、日本政府も2017年にアゼルバイジャン人に対するビザ緩和の発表をしました。そして、同年9月14日に、国際石油開発帝石（日本最大の石油・天然ガス開発企業）は、アゼルバイジャン共和国カスピ海海域最大の海底油田アゼリ・チラグ・グネシリ（ACG）鉱区の権益期限を2049年12月31日まで25年間延長することを、アゼルバイジャン国営石油会社（SOCAR）との間で合意しました。

　また、アゼルバイジャンの観光分野は、2017年において世界観光産業競争力改善ランキングで第2位になりました（WEF:World Economic Forum 2017）。近年、アゼルバイジャンの観光産業が飛躍的に発展しているのは、すでに1章で述べた通りです。日本との経済交流も深まっており、新たなビジネスチャンスも増えています。

　ここで日本とアゼルバイジャンの間におけるビジネス交流の強化に、さまざまなレベルで影響を与えたもう1つのイベントについてお話したいと思います。

　実は2017年は日本とアゼルバイジャンの国交25周年の年でもありました。新たな動きが多かったこの年の10月27日、28日に、バクー市にあるバクービジネスセンターで「Japan EXPO」（和食地酒EXPO）が開催されました。

主に、和食と地酒の展示会で、日本の文化（落語や武士道、書道等）も紹介され、アゼルバイジャンのマスコミにこぞって取り上げられました。

　友人でもある石田和靖さん[7]が実行委員長を務めて実現させた展示会ですが、私も深くかかわり、できるだけ協力させていただきました。来場者は2日間で約1万人（バイヤーや一般人を含む）。

　日本の出展企業数は約100社（日本からの渡航者は200人を超える）もあり、合計60ブースが設けられました。会場では、日本各地のプレゼンや福島、東北地方の復興イベントも行われ、私もメインステージの通訳や司会者として参加させていただきました。

　アゼルバイジャン共和国大統領府、農業省、アゼルバイジャン国営テレビ、シルクウェイウエスト航空や地元の大手企業などの協力もあり、かなりの盛り上がりを見せていました。この「Japan EXPO」を通じて、日本の商品やサービスに対するアゼルバイジャンにおける関心の高さが浮き彫りになったように感じています。

　また、これをきっかけに、アゼルバイジャンの特産品（ザクロ、ワイン、ジュース等）の日本への輸出に関しても、多くの日本企業に興味を持っていただいたようです。

注意事項　アゼルバイジャンに日本の商品を輸出するにあたっては、それぞれの分野において、ふさわしい企業と交渉する必要

---

7) 石田和靖（いしだ・かずやす）1971年東京都生まれ。日本におけるアゼルバイジャンの活動家・越境会会長・株式会社ザ・スリービー代表取締役。著書に『日本人の知らないアゼルバイジャン』、『越境せよ！』（講談社）等。

があると考えています。そこを間違えると、時間とお金ばかりかかって、結果がなかなか出ないケースもあるでしょう。

　アゼルバイジャンからの輸入時も一緒で、正しい相手とやり取りをしないと、輸入したものが量的に限定されたり、質や書類の問題で順調に輸入できなかったりもします。そこで、ぜひ調査のような事前準備をお勧めします。また、近道としては、私にご相談いただければ、各分野にふさわしい人や企業をご紹介いたします。

　アゼルバイジャンでは、一般的に、化粧品分野の大手はIDEAL、SABINA、総合スーパーマーケットや大型ショッピングセンターは、BAZARSTORE、BRAVO、ARAZ MARKET、食品総合卸大手はAZERSUN、AZGRANATA等をおすすめします。現在、世界各地から高品質の商品がアゼルバイジャン市場に入っていますし、Made in Azerbaijanブランドも徐々に世界に普及しつつあります。

　さらにもう１つ、日本企業がアゼルバイジャンに進出する際に注目すべき点があります。2011年３月11日に起こった東日本大震災や福島原発事故を受けて、日本の一部の地域（福島や隣接地域）の商品の輸入に対して好意的ではなかった国は少なくなかったと思います。しかし、アゼルバイジャンは、日本の特定機関が出す品質証明書や原産地証明書、インヴォイス、パッキングリスト、輸出報告書があれば、たとえ東北地方の商品でも、日本の他の地

域の商品と同様、輸入に当たって何の問題もありません（他の国と同様、関税は合計36%）。

　日本政府が品質証明書を出しているということは、商品の品質に問題がないということ。アゼルバイジャンの特定政府機関においても、それほど日本への信頼は篤いのです。

　現在、アゼルバイジャンに進出している日本企業は主に、商社、エネルギー関連、車メーカーなど小さい企業も含めて十数社ほど。

　2014年の石油価格下落以降、アゼルバイジャンでは、より非石油分野の発展に励んでおり、政府主導で行われている分野が多いのですが、まだまだ発展の余地がたくさんあります。

　例えば、農業でいえば、キュウリやトマト、ハーブ類、果物、野菜類などの生産は多いものの、それを加工して付加価値をつけ、海外に輸出するところまではいっていません。

　観光も同様で、観光資源があるにもかかわらず、バクー市以外の地域では交通インフラ（アスファルトの道路にはなったものの）、観光案内のマップや看板の設置、宿泊施設やサービス業などはまだまだ定着していないというのが正直なところです。

　第2章でもご紹介したバクー市郊外にある「燃える山」（ヤナル・ダグ）もそうですが、絶えない火という素晴らしい観光資源があり、観光客も興味を持っているのに、ヤナル・ダグ付近にはレストランや土産物店、ホテルなどがありません。そういう意味において、アゼルバイジャンの市場は「ブルーオーシャン」であり、ビジネスチャンスの可能性をたくさん秘めているともいえます。

もちろん、バクー市やガバラ市、ギャンジャ市のような大きな都市には東京と同じようなレベルのホテルやサービスがありますが、国全体で見ると、まだまだこれからの国、文字通り「未来の国」といえるのです。

今、アゼルバイジャンでビジネスをするなら、ここが狙い目！

　私はこれまで多くのアゼルバイジャン人（ビジネスマンや政治家等）と話をしてきましたが、現在アゼルバイジャンでビジネスチャンスが高いと思われるのは、やはり果物や野菜、肉の食品加工、養殖業、そして観光といったところでしょうか。

　中でも経済省附属「AZPROMO」の会長のルファト・マムマドフ氏（Rufat Mammadov）[8]と副会長のユスィフ・アブドラエフ（Yusif Abdullayev）[9]氏とは何度もお会いし（AZPROMOは日本のJETROとも親交が深い）、アゼルバイジャン経済や同国におけるビジネスの可能性、ビジネスチャンス、日本と取引すべき分野などについてアドバイスを受けたことがあります。

　二人とも例に漏れず、日本という国や日本人という民族を尊敬し、親近感を持っていて、さまざまな分野でぜひ日本とつながり

---

[8] 2018年5月31日、アゼルバイジャンのイルハム・アリエフ大統領令により、ルファト・マムマドフ氏は経済省副大臣に任命。
[9] ルファト・マムマドフ氏が経済省副大臣になることを受け、ユスィフ・アブドラエフ氏が、2018年6月からAZPROMO代表を務めている。

たいというスタンスに立っています。

　まだ、決して高いとはいえない日本との貿易額ですが、裏を返せば、「だからこそ貿易額をさらに大きくするためにできることがまだまだある」とおっしゃっていました。

　彼らがいつも口をそろえていうのは、日本に期待する次の6つの分野についてです。

1. 食品加工　加工工場
2. アゼルバイジャン特産品の日本・アジア市場への輸出
3. ITのノウハウと再生可能エネルギー分野における協力
4. 観光・サービス・インフラ
5. 農業機材・工業製品・車の備品
6. 化学製品・薬剤・石鹸などの日用品

そして、親しくさせてもらっている彼らには、いつもこうもいわれるのです。「アリベイ、真剣にビジネスを考えている熱意ある会社ならば、AZPROMOとしても全力で協力します。もちろん、我々は政府機関なので直接ビジネスはできませんが、情報提供や、アゼルバイジャンの優良企業とのマッチング、必要な政府機関への紹介といった協力はできます」と。

　事実、私もこれまでにいくつかの日本企業を紹介したことがありますが、いつも丁寧に対応してもらいました。

　上記に挙げた6つの分野の中には、「アゼルバイジャン特産品の日本・アジア市場への輸出」におけるサポートもありますが、

特産品とは、例えば、ワイン、甘草の根やエキス、ヘーゼルナッツ、ザクロ、天然蜂蜜や蜂蜜製品、アゼルチャイ（アゼルバイジャンの紅茶）、ハーブ類、岩塩、ドライフルーツ全般を指しています。

現在、アゼルバイジャンの甘草とワインは大量に中国に輸出されていて、天然蜂蜜については、サウジアラビアに数十トン規模で販売する予定の会社もあります。

中国や東南アジアに詳しい日本のビジネスマンも多いとのことで、ぜひ日本以外の市場への進出時にも、ご協力いただきたいとのことです。

実際にアゼルバイジャンの特産品を日本に輸入するときのルートとしては、海運と空運が考えられます。

小規模であれば、空運が一番安く、物流期間も短いのですが、トンレベルとなると、コンテナに載せ、海路で日本まで送る必要があります。

アゼルバイジャンはカスピ海に面していますが、外海にはつながっていないため、まず1つ目に考えられるのは、鉄道等で中国の最東まで、もしくはロシアのウラジオストク市まで運び、そこから船に乗せて日本に送るルートです。これはさほど流通していませんが、使う人もいます。

次に考えられるのが、アゼルバイジャンからイランを経て、ペルシア湾岸にあるバンダル・アッバース港町まで運び、そこから船で日本の港まで輸送するルートです。

これは比較的短いルートですが、国際舞台におけるイランのイメージやアメリカが取っているイラン政策を考えるうえでは、避けたいと考える日本人ビジネスマンも多いでしょう。

　そこで、今一番使われているルートは、首都バクー市からトラックで隣国・ジョージアのポチ港（所要時間1日）まで運び、船に載せるというものです。

　そこからは黒海、地中海、紅海、インド洋等を通って、日本の港まで輸送します。物流期間は平均60日ほどです。20フィートのドライコンテナを利用した場合の物流費用は30万円前後。内部を一定温度に保つリーファーコンテナ40フィートの場合、約78万円（40フィートドライコンテナは約42万円）かかります。

　アゼルバイジャンの大手企業の中には自社コンテナや物流会社を持っているところもあれば、国際的に有名な物流会社の現地法人などを通じて商品を運ぶ会社もあります。

世界最大規模の巨大プロジェクト「カザール・アイランド」

　さて、2000年代に突入し、飛躍的な発展を遂げてきたアゼルバイジャンでは、多くの投資プロジェクトが進められてきました。

　まずは、総事業予算が約1,000億ドル（約11兆円）にもなる「カザール・アイランド（Xəzər adaları）プロジェクト」についてご紹介しましょう。

5章　アゼルバイジャンは日本人にとってビジネスチャンスの山!?

　バクー市の南方25km、カスピ海開発を目指し、2011年3月から事業が始まった人工島プロジェクトで、世界中の都市計画の中でも最も大規模だといわれています。総面積は3,000ヘクタールにも及び、合計41の島からなります。

　島は人口100万人（仙台市とほぼ同程度）を擁し、150の学校、50の病院、公園やショッピングモール、文化会館、大学、F1のサーキットコース、150の橋、空港、さらに地震に強いマンション（震度9に耐えうる）や、世界最大規模のモスクの建設も予定されています。最も注目を浴びているのは、完成すると1,050mの高さを誇る世界最高層のアゼルバイジャンタワー（Azərbaycan Qülləsi）です。

　2020年から2025年の間には完成し、一般の人も住めるようになる予定で、事業は着々と進められ、2014年までに入り口の一部が

開業。予約制のレストランやバーも営業しました。私も何度か訪れましたが、なかなか気持ちの良い空間になっていました。しかし、2015年初頭、アゼルバイジャンの金融システム上の問題等の影響を、本プロジェクトのメインディベロッパーであるAVESTAのイブラヒム・イブラヒモフ会長も受けたため[10]、2018年7月現在にいたるまで事業はストップしている状況です。

　主な問題は資金面なので、資金さえ集まれば、世界最大規模の人工島プロジェクトの実現に向けて事業が再開される予定となっています。

広大なゴルフ場も〝売り〟の「ドリームランド」

　次は、アゼルバイジャンの大手企業の1つ"Azersun Holding"が進めている「ドリームランド（Dreamland）」不動産プロジェクトです。バクーのヘイダル・アリエフ国際空港の近く、総面積320ヘクタールのドリームランドでは、近代的な住宅、学校、ショッピングセンター、娯楽センター、スポーツセンターなどが建設予定で、本プロジェクトの実現に向け2,000人もの現地スタッフが勤務しています。

　将来的には、最先端の医療センターの建設も視野に入れていま

10）　石油下落を受け、アゼルバイジャン通貨マナトも安くなり、銀行等が影響を受けた。また、AVESTAのイブラヒム会長がアゼルバイジャン国際銀行へのローンを返さなかったことなどでも問題が悪化したといわれている。

す。現在は2,100棟のマンションや300軒ほどの別荘が建設中です。

ドリームランドには66ヘクタールのゴルフクラブ(Dreamland Golf Club Baku)もあり、2015年1月にイルハム・アリエフ大統領が視察で訪れた際に、実際にコースを回ってゴルフをしていました。国内外の人々を楽しませると共に、ゆくゆくはアゼルバイジャンからゴルフチャンピオンが生まれるような素地をつくりたい、とのことでした。

上：ドリームランドの全体図／下：別荘

ここには、ゴルフ用品販売店もあり、いずれは国際的なゴルフ大会も誘致する予定です。

ゴルフクラブの他に、すでに人口湖も完成しています。

本プロジェクトはアゼルバイジャンにおける観光分野や、非石油分野に大きな貢献をすることが期待されています。

ブラックシティから生まれ変わる!
「バクー・ホワイトシティプロジェクト」

　3つ目は「バクー・ホワイトシティプロジェクト」です。このプロジェクトはヘイダル・アリエフ前大統領のイニシアティブにより、企画されました。

　当時、ヘイダル・アリエフ大統領は、以下のようにいっています。

「アゼルバイジャンで100年前から『ブラックシティ（黒い街）』といわれている市をホワイト化することによって、ここにも花が咲き、我が国の美しい一部となるでしょう」と。

　首都バクー市は世界最古の石油産業地です。バクー油田のおかげで、アゼルバイジャンは飛躍的な発展を遂げ、海外からも多くの投資家が集まり、ビジネスを行うにも、暮らすにも、あるいはバカンスにも、理想的な都市になりつつあります。

　現在、「ホワイトシティ」と呼ばれるようになった場所は、もともと「ブラックシティ」と呼ばれていました。19世紀末につくられた町で、バクー市の東側に位置し、石油生産・加工・保管・物流において重要な役割を担い、100年以上の歴史を誇っています。主に石油関係の仕事をしている人やその家族がこの町に住んでいましたが、環境は汚染され、「住みたくない場所」として名前が上がることも少なくありませんでした。

　しかし、現在では汚染された地域はきれいになり、公園や近代

5章 アゼルバイジャンは日本人にとってビジネスチャンスの山⁉

かつてのブラックシティがホワイトシティへ

的な建物、ショッピングモールの建設が着々と進んで、「ホワイトシティ」へと変貌を遂げつつあります。

　ホワイトシティの総面積は221ヘクタール（旧市街の11倍、東京ドームの47個分）で、バクー市中心部にある「乙女の塔」からは約4km。面積としてはフランスの地中海沿岸にある独立都市国家モナコを超える大きさです。

　プロジェクト完成時には、ここに5万人の人が住み、5万人弱が働く職場、4万台分の駐車場、総面積4ヘクタールにも及ぶ噴水広場、コーカサス地方で最も大きなショッピングモール「バクー・シティモール」や地下鉄の駅も建設され、インフラも整う予定です。

　「バクー・ホワイトシティプロジェクト」は着々と進んでおり、完成している建物も多く、マンションやビジネスオフィスなどは、

149

着々と工事が進み、一部マンションやオフィスの販売が始まった「バクー・ホワイトシティ」

すでに販売が開始されています。

　私も谷口さんもバクー・ホワイトシティのマンションを検討しているほど、魅力的な場所です。

　今後は投資ツアーを企画して、日本のビジネスマンもたくさん連れて行く予定です。

　さて、現在、進んでいる3つの大きな不動産プロジェクトを紹介しましたが、こうした不動産プロジェクトの半数以上は成功しており、アゼルバイジャンがさらに飛躍する、明るい未来が目に見えるようです。

Column

アゼルバイジャンは私たちだけのブルーオーシャン

谷口 洋和

　少子高齢化が進み市場が縮小していく日本から海外に出ようと思った際に、アゼルバイジャンには確かにビジネスで進出するのに有利な条件が揃っています。

　しかし、今のところ、アゼルバイジャンに進出している企業のほとんどが石油またはODA絡みで、大手企業は本格的に進出していません。人口としては首都バクーがさいたま市、国全体でも埼玉県と群馬県を合わせた程度なので、マーケティングリサーチの時点で外されてしまうのでしょう。

　確かにアゼルバイジャン単体で見れば市場規模は小さいですが、アゼルバイジャンも、お隣のトルコも、イランも、急激に人口が増えています。石油資源だけではなく農業、観光と、手付かずの伸びしろが大きい産業が眠っています。

　もちろんリスクを負って短期間で大きく稼ぐという意味においては、中国やインド、アフリカ地域と比べると見劣りしますが、リスクとリターンを考えればずっと割の良い投資になるだろうと私は確信して事業を行っています。

　将来的に伸びるポテンシャルがあり、すぐに大企業が参入してくる可能性も低く、ビジネス環境が揃っていて、何より超親日という私たちだけに与えられたアドバンテージがある、このような

国を私は他に知りません。

　そして何よりアゼルバイジャンをお勧めする一番の理由は心理的障壁の低さ。私は不衛生な国、特にトイレが不潔な国が苦手なのですが、アゼルバイジャンではそこにストレスを感じたことがありません。これはイスラム教が場を清めることを重視しているからだと思います。清潔に保たれた町並みは、日本人でも日々ストレスを感じることなく過ごせること間違いありません。

「その地に住めと言われたらずっと住めるか？」

　海外で投資やビジネスをしようとした時にこれはとても重要な視点だと思うのです。

6章 魅力的なアゼルバイジャンの農業、特産品

2015年以降、さらなる躍進を遂げるアゼルバイジャン農業

　アゼルバイジャン経済においては、農業も大いに注目に値する分野です。私や谷口さんのところにも投資情報が集まってきていますが、投資リターンの見込みは年間20％ほどとなっています。

　2015年1月にアゼルバイジャンのイルハム・アリエフ大統領が、2015年を「アゼルバイジャンにおける農業の年」にしたことが、大きな発展につながったといえるでしょう。

　2015年時点でアゼルバイジャン人の37％が農業関連の仕事をしています。残り14.3％が産業、48.9％はサービス業で働いています[1]。

　アゼルバイジャンのGDPにおける各分野の数字は、農業はわずか6.2％、産業が49.1％、サービス業が44.7％を占めています[2]。この数字だけ見ると、農業の割合はかなり少なく見えますが、2014年が5.3％だった[3]ことを考えると、1％近くも増えているのです。

　アゼルバイジャンの農産物の多くを占めるのは、果物、野菜、

---

1) CIA - The World Factbook - Azerbaijan（https://www.cia.gov/library/publications/the-world-factbook/geos/aj.html#Econ）最終閲覧2018年3月27日。
2) 同上
3) アゼルバイジャンの経済改革分析・コミュニケーションセンター（http://iqtisadiislahat.org/articles/kend_teserrufati_azerbaycan_iqtisadiyyatinin_strateji_sektoru_kimi-14）2018年3月28日閲覧。

穀物、米、ブドウ、茶、綿、タバコ、牛、羊、山羊などです。

2014年と2015年の統計データを比較すると、穀物25.8%増、ジャガイモ2.5%増、野菜類7.2%増、スイカ、メロン9.9%増、果物4.2%増、茶葉22.1%増、ブドウ6.3%増となっています[4]。また、食肉は2.0%、牛乳は3.7%、ウールは1.4%生産が増えました[5]。

振り返ってみると、1991年のソ連からの独立以降、アゼルバイジャンの農業はずっと低迷を続けていました。それが、発展へと変わったのは1996年以降。1997年と2014年を除けば、継続的に発展し、<u>2015年には農業生産量は総合して6.6%も増加しました。2015年に前年比で畜産物は2.5%、植物製品は11.3%増加しました</u>[6]。

これは、農産物の輸入を減らし、アゼルバイジャンの安価で高品質な農産物の生産量を増やしたうえで、Made in Azerbaijanブランドをもって世界に打って出たいという政府や農業従事者の努力の結果だといえるでしょう。

AZPROMO(アゼルバイジャン輸出投資促進庁)の情報によると、現在、輸出の多くを占めるのがフレッシュな果物や野菜、果物や野菜の缶詰、フルーツジュースやワインだということです。そして、食品産業の主要セグメントは、果物や野菜、肉や肉製品、牛乳や乳製品、アルコールやソフトドリンク生産等です。

2003〜2015年には、アゼルバイジャンの食品産業に国内外か

---

4) アゼルバイジャンの経済改革分析・コミュニケーションセンター(http://iqtisadiislahat.org/articles/kend_teserrufati_azerbaycan_iqtisadiyyatinin_strateji_sektoru_kimi-14)2018年3月28日閲覧。
5) 同上
6) 同上

ら13億2600万米ドルの投資がされました[7]。現在、農業において最も発展が見られる分野は、<u>ハウス業、ブドウ、ヘーゼルナッツ、茶葉、蜂蜜製品、砂糖、タバコ、畜産と魚</u>です。

実はドライフルーツ王国⁉

　以前からドライフルーツは、美容や健康に良いと、特に女性の間で人気で、日本でも新しくドライフルーツ専門店が都心にできているそうですね。

　アゼルバイジャンは、実はドライフルーツ大国ともいわれています。世界の11気候帯の9つまでがあるので、実に多種多様な野菜や果物ができることも、その1つの要因です。

　そんなわけで、アゼルバイジャンの人たちは、ほぼ日常的にスナック感覚でドライフルーツを食べています。もしかしたら、こんなところにも、アゼルバイジャンには美人が多いといわれる理由があるのかもしれません。また、最近では近隣諸国への輸出も増え続け、世界中からのドライフルーツへの関心は少なくないようです。

　我が国の代表的なドライフルーツとしては、<u>ザクロ、イチジク、</u>

---

[7] http://azpromo.az/az/investments/sectors#tab-block-132

サルタナレーズン（サルタナというブドウを使ったレーズン）、ヘーゼルナッツ、梅（日本の梅とはちょっと違う）、アプリコット、プルーン、柿、ゴジベリー（クコの実）、サフラン等です。

　どれも美味しいのはもちろんのこと、栄養価も高く、嬉しい効果も期待できると思うので、ここでアゼルバイジャン自慢のドライフルーツをご紹介しましょう。

①**ザクロ**…ゴジベリー（クコの実）と似ているため、クコの実を使ったすべての料理やお米・パスタなどにも代用できます。

　ザクロは心臓や血管系システムに良い刺激を与え、造血作用があるとされています。また、免疫力のアップや、血圧を下げる効果もあり、ビタミンC、B1、B2、タンパク質などが豊富に含まれた果物です。

②**イチジク**…日本のスーパーマーケットでもよく見かけますが、アゼルバイジャンの人たちはダイエット効果があるということから、やせたいという人によくお勧めする食べ物の一つです。

　ビタミンA、B、C、マグネシウム、鉄、ナトリウム、リン、カリウム、カルシウム等が豊富で、喉の痛みや咳、気管支炎等にも良いとされています。腸の殺菌力を強化し、がん治療にも効果があるといわれています。

③**プルーン**…大昔からアンチエイジング効果があるドライフルーツとして人気を集めていて、ビタミンB1、B2、B3、B6、A、C、Eが含まれています。心臓や消化器官に良いとされています。

④**サルタナ（レーズン）**…サルタナも心臓に良く、神経細胞の老化や認知症の進行を遅らせる効果があると期待されています。ビタミンA、B1、B2、B5、B6、Cや鉄、カリウム、マグネシウム、リン等も豊富で、妊婦さんにもお勧めです。

⑤**柿**…心血管疾患の際に使われ、免疫力強化の効果もあり、ビタミンA、B、B1、C、Eや鉄が豊富だとされています。アゼルバイジャンは、実は柿の生産量が多く、2016年度には世界ランキング6位（日本は4位）となっています。

⑥**ヘーゼルナッツ**…タンパク質、鉄、カルシウム、マグネシウム、プロテインなどのミネラルもいっぱい入っていると同時に、免疫力アップや疲労回復に非常に良いとされています。肺疾患に有用で、腸にも良いようです。

⑦**リンゴ**…最近アゼルバイジャンではリンゴのドライフルーツが流行っています。リンゴの皮に多く含まれるポリフェノールの一種「アントシアニン」は眼精疲労の予防になるので、パソコンで長時間仕事をする方にもお勧めです。また、リンゴの抗酸化作用は糖尿病対策にもなるそうです。ビタミンA、B、Cや鉄、リン、カロチン等もたくさん含まれています。

⑧**トマト**…ドライトマトもまた最近注目を集めているドライフルーツの1つです。スープ料理にフレッシュなトマトの代わりに使ったり、ピザやサラダにも、もってこい。とりわけ出来立てのパンやチーズとの相性は最高です。

⑨**梅**…これもかなり流行っており、料理にも広く使われています。

日本の酸味のある梅とはまた種類が違い、熟すと甘くなります。ビタミンB1、B2、B3、A、Cが豊富で、がん治療や、アンチエイジングにも効果があるとされ、成分のカリウムやマグネシウムは血圧や肝臓病、心臓病、腎臓病やリウマチ等にも良いとされています。

⑩**アプリコット**…ドライアプリコットも治療効果があるといわれています。ビタミンA、C、Bや数多くのミネラル類（カリウム、カルシウム、マグネシウム、リン、鉄等）、フルクトース、グルコース成分も含まれています。

心臓にとても良いとされていることから、アゼルバイジャンの心臓外科医は、患者さんに日常的に食べる（1日4、5個）ことを勧めています。

また、造血作用があることから、貧血に悩んでいる方にもお勧めです。

アゼルバイジャンには、ドライアプリコットを使った民間療法とも呼べるお茶があります。まずは、ドライアプリコットを5つほど茶器に入れ、そこにお湯を入れて約7～12分沸かします。

できあがったアプリコットのお茶を、朝起きて空腹の状態で飲み、中に入っているアプリコットの実も一緒に召し上がってください。

アプリコットは腸の動きを活発にするといわれているため、アプリコットのお茶は鈍くなった腸の動きの改善に効果てきめんといわれているのです。

ドライアプリコットといえば、思い出すのは祖母のこと。幼い頃、夏休みに祖母の家に行く度に、果物や野菜をたくさんご馳走になりました。そのときに、冬に備えて梅やアプリコットを乾燥させる手伝いをしたことをよく覚えています。

　こんなふうにアゼルバイジャンのお母さんたちが受け継いできた文化が、今の技術によってより確かなものになり、安価で高品質な商品として販売されるようになりました。

　現在、さまざまな国で、ドライフルーツの輸出事業が進んでいます。私自身も将来的にはアゼルバイジャンのドライフルーツ専門店を開き、より多くの日本の人たちに美味しく、栄養価の高いアゼルバイジャンのドライフルーツを楽しんでもらいたいと思っています。

生産量世界第3位を誇るヘーゼルナッツ

　さて、ここで「ヘーゼルナッツ生産者・輸出者協会」会長のイスマユル・オルジョフ（İsmayıl Orucov）によるヘーゼルナッツについての記事をご紹介いたします。

　アゼルバイジャンでは年間3万5千トンのヘーゼルナッツが生産され、その90％が海外に輸出されているそうです[8]。主な輸出

---

8)　https://az.trend.az/azerbaijan/society/2715307.html

国であるイタリア、ロシア、ドイツを含めて、世界25カ国に輸出しています。

2016年の輸出額は105万米ドル（約1.05億円）だったとのことです[9]。

アゼルバイジャンの主要特産品の１つヘーゼルナッツ

アゼルバイジャンの中でも最も美味しいヘーゼルナッツが取れるといわれているのは、バラカン地区[10]、ザガタラ地区、ガク地区で、いずれもジョージアとの国境地域です。

また、アゼルバイジャン農業省副大臣のセユファッディン・タリボフ（Seyfəddin Talıbov）によると、アゼルバイジャンのヘーゼルナッツ輸出量は、世界第３位だといいます[11]（2017年12月時点）。

アゼルバイジャンには2017年度時点で、１万２千ヘクタールのヘーゼルナッツ畑があり、2018年には４万ヘクタールまで増やす予定です[12]。

ヘーゼルナッツはすでにアゼルバイジャン経済において、かなり重要な役割を担っており、その重要性は現大統領が常々指摘するほどなのです。

---

9) https://az.trend.az/azerbaijan/society/2715307.html
10) バラカン地区はジョージアとの国境地帯にあるため、ジョージア人も住んでいて農業と観光業が盛んな地区の一つ。近年では桑の木が10万本以上植えられ、養蚕業に力を入れたり、タバコや綿花の生産も伸びている。
11) https://az.trend.az/business/2833839.html
12) https://az.trend.az/business/2833839.html

アゼルバイジャン北西部・ガク地区のヘーゼルナッツ畑
（出典 http://president.az/articles/24867/images）

　ちなみに、世界でヘーゼルナッツ生産量・輸出量の75％を占めているのは、アゼルバイジャンの隣国のトルコだそうです[13]。

今こそ「ダマスクローズ」のオイルをアゼルバイジャンブランドに！

　アゼルバイジャンがソ連に組み込まれていた時代、ジョージアとの国境地帯であるザガタラ地区は「バラの国」として知られていました。現在、その頃のようなバラ油の生産の復興計画が進んでいます。

　2016年10月〜11月には、トルコとブルガリアの専門家の指導のもと、ザガタラ地区のアシャギ・タラ村で107ヘクタールの畑をつくり、ブルガリアから持ってきたバラとラベンダーの苗を植

---

13) https://az.trend.az/other/world/2354235.html

えました（バラ82ヘクタール、ラベンダー 25ヘクタール）。初段階で600トンの花びらを収穫する予定です。

今後はバラ油の生産が開始され、国内市場はもちろん、海外への輸出も検討されています。

ここで使われるのは、「バラの女王」と呼ばれる「ダマスクローズ」です。そもそも中東原産の種で、古くはエジプトの女王クレオパトラがダマスクローズのバラ風呂を好んだ、とか。

最近では日本でもその香り高さに加え、「アンチエイジング効果がある」と大人気なので、特に女性の方は耳にしたことがあるのではないでしょうか。

バラ油を精製する工場はザガタラ地区に現在建設中で、灌漑用水を確保するために人口湖（容量5,000立方メートル）や、点滴灌漑システム[14]も設置が完了しています。

初期段階では、バラの花びら100トンから30 〜 35kgのバラ油を抽出、将来的にはその5倍ほどの生産を考えています。

また、ラベンダーは、フランス産とトルコ産を持ってきていて、他の産地より油率が20％多いといわれています。

この工場では年間生産可能量バラ油250リットル、ラベンダー油6,000リットルで、「AzRose」として海外に輸出される見込みです。将来的には香水や洗剤、食品関連でも使われる予定だということでした。

---

14) 配水管、チューブや水圧を補正するエミッタ、弁などからなる施設を用い、土壌表面や根群域に直接ゆっくり灌漑水を与えて、水や肥料の消費量を最小限にする灌漑方式。

ちなみに2016年時点で世界では年間３トンのバラ油が生産されていますが、うちトルコは50％、ブルガリアが40％を占めています。アゼルバイジャンは初期段階で125リットルのバラ油を生産する予定で、世界における生産量の５％を占める見込みです。

　2016年には世界市場において、バラ油（／リットル）１万〜１万２千ユーロで販売されていました。

　ラベンダーは初期段階で3,000リットル規模で生産する見込みで、世界市場（2016年）においては、１リットル約100 〜 130ユーロでした。

　輸出開始は2018年度。花油事業も、他の農産物と同様、〝Made in Azerbaijan〟のブランディングをさらに強化していきたいと考えています。

タバコ産業はまだまだ発展の余地あり！

　今後、アゼルバイジャンが力を入れていく分野の１つとして、タバコ生産も挙げられます。現在、世界におけるタバコ販売は、１日平均約40億米ドル、年間でおよそ１兆米ドルも生み出す大きな市場です。

　アゼルバイジャン北西部にあるガク地区では政府の助成金や補助金もあり、タバコの生産が盛んです。特に、力を入れているのがバージニア葉で、収穫してから１週間ほど乾燥させて使います。

アゼルバイジャンでは、安価で質の良い材料や、海外市場進出ルートなど、生産を増やすための条件が整っていて、タバコ生産においては、さらなる拡大や、雇用の創出など、今後ますますの発展が考えられます。

日本で買うよりかなりお得！キャビアはいかがですか？（Qara ikra）

チョウザメの卵の塩漬け「キャビア」といえば、いわずと知れた世界三大珍味の１つです。皆さんは、その原産地がカスピ海だということをご存知でしょうか？

2017年４月に、アゼルバイジャン中央部にあるイエブラフ地区(Yevlax rayonu)で開業した施設「ワルワラ」では、チョウザメ科とコイ科の魚に自然な餌を与えて養殖しています。463のコンクリートプール（総面積２万2,449平方メートル）や、魚用の11の人工池もあります。

初期段階では、年間1.5万kgのキャビア、チョウザメ科の魚20万kg、コイ科の魚11.2万kg、さらに、チョウザメの幼魚2,800万匹が生産される予定です。

ちなみにチョウザメの幼魚は、キャビアの名産地として名高いロシア南部のアストラハンから譲ってもらったものです。

2020年〜2023年にはチョウザメ科の幼魚の数を5,000万匹に増やし、キャビアの生産を増やす予定になっています。

2017年4月時点では、キャビアの中でも最高級とされる「ベルーガキャビア」が取れるベルーガ（オオチョウザメ）を含めて、合計18万7,330匹のチョウザメ科とコイ科の魚がいました。

　そのうちチョウザメの一部の幼魚のみ養殖施設に残し、それ以外はカスピ海の生物資源を回復させるために、クール川を通じてカスピ海へ放す予定です。

「ワルワラ」ではキャビアの加工や缶詰作業なども行われます。商品の一部は国内向け、一部は海外輸出向け商品となります。

　キャビアの価格の目安としては、バクーにある市場などで90gで約120〜150マナト（8千円〜1万円ほど）で販売されています。

食にも文化にも欠かせないアゼルチャイ（Azərçay）

　アゼルバイジャンで日頃から好まれている飲み物としては、やはりアゼルバイジャンの紅茶、アゼルチャイが挙げられます。

　特にアゼルバイジャン南部のアスタラ地区の紅茶は、その味に定評があり、国内外で飲まれています。アスタラはバクーから317kmの距離にあって、イランとの国境地帯に位置しています。

　この地域には紅茶メーカーもあり、実際に日本の技術を使って茶葉をきれいにしたりしています。

　ここには「Astaraçay」MMCという会社が2010年につくられ、近代的に建てられた工場もあります。工場の平均的な生産量は12

6章 魅力的なアゼルバイジャンの農業、特産品

アゼルバイジャン人に愛されているアゼルチャイ。女性のウエストを思わせる柔らかいラインが美しいコップ「アルムドゥ」でいただく

トン。将来的には24トンに拡大していくといわれています。

また、アスタラ地区やお隣のランカラン地区は、ミカンやオレンジ、レモンといった柑橘類も有名です。最近、アスタラ地区では米づくりにも力を入れ、紅茶とお米の自給率100％を目指しています。

この2つの地区は緑も多く、アゼルバイジャンの人たちが夏に必ず行きたい場所としても知られています。

アゼルバイジャン産のおいしい紅茶を楽しみたいという方にはぜひお勧めです。

そして、ここへ来たら、魚料理と、肌がきれいになると有名なランカラン地区の温泉「イスティ・ス（熱いお水）」も試してみ

アスタラ地区にある茶畑(出典:「Trend News Agency」https://az.trend.az/business/economy/2411290.html)

てはいかがでしょうか。

　さて、日常的に好んで飲まれている紅茶ですが、飲み物としてのみならず、アゼルバイジャンの文化にも深く根差しています。
　例えば、結婚前の挨拶のとき。アゼルバイジャンでは、男性が結婚したいと思っている相手の女性の家に自分の両親を訪問させます。そのとき、女性側の両親も前向きに結婚のことを考えている場合は、アゼルバイジャンの伝統的な梨型のグラスに紅茶を入れて、(女性が)男性の両親に勧めます。アゼルバイジャンではみんな紅茶に砂糖を入れるので、甘い紅茶が出てくることになります。
　しかし、女性側の両親が結婚に前向きではないときは、紅茶は出しません。地域によっては紅茶が出るところもあるのですが、その場合、砂糖を入れずに、わざと甘くない紅茶を持っていきま

す。こんなふうに人生における大事なときに、紅茶は私たちと共にあるのです。

　また、日本では、ビールを飲みながら打ち合わせをしたり、仲間と楽しんだりしますが、アゼルバイジャンの場合は、基本的に紅茶を飲みながらの打ち合わせや、紅茶を飲みながら伝統的なゲームをしたりします。

　おそらくアゼルバイジャン人は、平均的に1日20杯近くは飲むのではないでしょうか。私の家族も紅茶派で、他人がびっくりするほど紅茶を飲みます。

　暑い夏には日本人ならキンキンに冷やしたビールや氷入りの水を飲みますが、我々は汗まみれになりながらも、温かい紅茶を飲むことを好むのです。そのほうが体を冷やすこともありませんし、精神的にも落ち着くといわれています。

　これが日本との文化の違いとでもいうものでしょうか。でも、日本では冬場でも冷たいかき氷を食べている人を見かけますから、それと同じようなものかもしれませんね。

日本にも輸出されているアゼルバイジャンワインとフルーツジュース

　バクーから北西部へ153kmの距離にあるオグス地区。
　ここには、アゼルバイジャンの大手企業のジュースとワインを

つくる工場があり、最近では綿の生産にも力を入れている地域です。

風景写真でも撮りながら、この辺りのブドウ畑やザクロ畑を見ているだけで、リフレッシュできるようなのどかな眺めが広がっています。

アゼルバイジャンは、実はワイン発祥の地で、かなり昔からワインがつくられていたといわれています。特に、ジョージアとの国境地帯はワインの品質に厳しく、徹底して高品質なものをつくり続けています。メーカーによっては約20種類ものワインをつくっている会社もあるのです。

アゼルバイジャン人の大好物、ギョイチャイ地区のザクロ

アゼルバイジャンの人たちが、バクーから253kmの距離にある「ギョイチャイ（Göyçay）」という町の名前を聞いて、真っ先に思い浮かべるのは、おいしいザクロでしょう。そう、ギョイチャイは「ザクロの故郷」ともいわれているのです。

かつてはアゼルバイジャン全土でザクロをつくっていましたが、乾燥地であるギョイチャイ地区と、その周辺地域の気候は最もザクロの生産に適しているとされています。

アゼルバイジャンのザクロが世界で有名になったのも、このギョイチャイ地区のザクロのおかげです。国内のザクロジュースや

ザクロワインには、主にこの地域や隣接地域のザクロが使用されています。また、アゼルバイジャンでは、ザクロジュースとザクロの皮は約20の病気の治療の際にも使われています。最近、ザクロのドライフルーツも人気を呼んでいて、日本でも需要が高い商品です。

ギョイチャイがいつも以上にザクロ一色になるのは、収穫シーズンとザクロ祭のとき。このときばかりは国中から熱い注目を集めます。

ザクロ祭が初めて開催されたのは2006年11月3日でした。アゼルバイジャンの農業省副大臣やさまざまな国の大使や外交官、ロビー活動家なども参加しています。お祭りでは、いろいろなイベントが行われますが、最も大きいザクロを競うイベントもあり、昨年優勝した方のザクロ1個の重さは、なんと1.3kgもありました。

また、さまざまな建築物やアゼルバイジャンの地図をザクロの種を使って表現した作品の展示やライブなども開催され、ギョイチャイの町は一気にお祭りムードになります。

こうした賑やかなイベントをきっかけに、この地を訪れる観光客も年々増加傾向にあり、観光業の発展にも確実につながっているようです。

ザクロやザクロ製品に対する関心が高まる中で、ギョイチャイ地区にはここ4年間で250ヘクタールの新しい畑がつくられました。2017年の生産高は約5万トンで、その60％がロシア、ウクラ

アゼルバイジャンで大人気のギョイチャイのザクロ（出典：Nigar Orujova, https://www.azernews.az/travel/72554.html）

イナ、ジョージア市場で販売されています[15]。

高品質なアゼルバイジャンの蜂蜜

　現在、アゼルバイジャンが日本に輸出している商品はまだごくわずかですが（2017年の輸出総額は約4.6億円[16]）、その中の1つに蜂蜜があります。

　アゼルバイジャン各地にいる養蜂家たちがそれぞれ蜂蜜をつくっていますが、中でもバクーから180km北西に行ったところにあるイスマイリ地区も、有名な蜂蜜の産地の1つです。

　また、コーカサス地方特有のハチが集めた甘草の蜜は栄養価が

---

15)　アゼルバイジャン文化観光省のホームページ
http://mct.gov.az/az/medeniyyet-xeberleri/xii-nar-festivali-baslayib
16)　外務省ホームページ https://www.mofa.go.jp/mofaj/area/azerbaijan/data.html

6章　魅力的なアゼルバイジャンの農業、特産品

高いと有名で、日本でも輸入しています。

　そもそもアゼルバイジャンの蜂蜜は品質が高く、体に良いといわれています。アゼルバイジャンの人たちにとっても、蜂蜜は馴染みが深く、朝食や軽いランチには、必ずパンに蜂蜜とバターを塗ったものを食べます。紅茶を飲みながら食べるのが、我々の文化なのです。

　風邪を引いたときには、毎朝、食事の前にスプーン1杯の蜂蜜を飲むことで免疫力が増すといわれています。私も子供の頃、よく風邪を引いたので、牛乳の中に百花草蜂蜜を入れ、さらに山羊の脂を溶かして飲んでいました。すると、その後7年間は風邪を引かなかったことを覚えています。

　私が日本に来てから丸6年半以上が経ちましたが、いまだに毎朝の蜂蜜は欠かしません。蜂蜜がないと、何とも物足りない気分になってしまいます。

高品質で栄養価も高いアゼルバイジャンの蜂蜜

最近の日本におけるニュージーランド産のマヌカハニーの人気を考えても、今、日本では蜂蜜ブームの波が来ていると思います。
　これは日本に限りませんが、世界的にも、薬を飲むより、健康食品や栄養価の高い食べ物を食べることで、体の調子を整えたい、免疫力をアップさせたい、いつまでも元気でいたいと願う人が増えていることからも、今後はさらに蜂蜜や蜂蜜ビジネスの重要性が増していくのは間違いありません。

アゼルバイジャンで大人気の「ガタバイポテト」

　バクー市には、中心部近くにある「タザ・バザール」や、ヘイダル・アリエフセンターから歩いて20分以内にヤシール・バザール（Yaşıl Bazar グリーンバザール）、地下鉄ネフチラル（Neftçilər）とハルグラル・ドストルグ（Xalqlar Dostluğu）駅のだいたい中間にある（それぞれ徒歩10分ほど）「8kmマーケット」等、いくつかの市場があり、肉やチーズ、色とりどりの新鮮な野菜や果物などが売られています。そこを冷やかして歩くのもおすすめです。
　そうした市場ではジャガイモもよく目にしますが、中でも売れているのが、アルメニアとの国境付近にあり、バクーから西へ400km以上も離れたガタバイ地区（Gədəbəy）のジャガイモです。アゼルバイジャンのジャガイモの中では、比較的高めの値段ですが、最も美味しいとされ、売れ行きがいいので、周辺地域の人た

6章 魅力的なアゼルバイジャンの農業、特産品

ちも、「自分たちのジャガイモも、ガタバイポテトだ」といって売っているほど。

アゼルバイジャン人はジャガイモが大好きで、ほぼ毎日のように食べています。中にはパン代わりとして食べる地域もあります。

美味しいジャガイモの産地として知られるガタバイ地区は、3000m級の山が2つもある小コーカサス山脈に位置している。金鉱地としても有名（出典：http://teleqraf.com/news/toplum/168446.html）

食べ方はさまざまですが、焼いたジャガイモが一番人気で、ジャガイモを串に刺して焼くケバブにしたり、あるいは、お米料理の中に入れたり、バターを塗ってパンと一緒に食べたりもします。

アゼルバイジャンでは「パン・チーズ・スイカ」のセットが当たり前!?

日本の夏の風物詩であるスイカは、アゼルバイジャンでも好んで食べられています。スイカの名産地として有名なのがサビラバッド（Sabirabad）地区。

日本に来て衝撃を受けたものの一つに、スイカがありました。アゼルバイジャンより値段が高く、そのうえ、半分や4分の1に切って売られているものがあることにも驚いたのです。

我々アゼルバイジャン人は、普段、車のトランクがいっぱいに

175

なるくらいスイカを買って、10日間以内にすべて食べきります。

　高いとき（4月、5月）で1kg3マナト、シーズン（7月、8月）になると、1kg0.5マナトほどです。小さいスイカが約5kgで、一般的に多いのは6〜8kgのスイカですから、シーズン中は1個約200円ほどで買えるというわけです。値段も安いうえに、質も高く、美味しいのでアゼルバイジャンでは大人気なのです。日本のスイカも甘いですが、アゼルバイジャンのスイカのほうがはるかに甘い。甘さのレベルが違います。

　私も大好物のスイカですが、アゼルバイジャンでは「パン・チーズ・スイカ」をセットにして食べるのが好まれています。

　アツアツのパンにチーズをのせ、スイカと一緒に食べるのです。アゼルバイジャンのチーズは塩気が強いので、日本でスイカに塩をつけて食べるのと同じような感覚かもしれませんね。

　特に、カスピ海沿いのリゾートを楽しんでいるときや、海辺で泳いだ後の「パン・チーズ・スイカ」の3点セットは最高です。

農業分野における日本とのビジネスについて

　このように、特に2015年以降、アゼルバイジャンの農業は発展を続けてきましたが、今、なぜアゼルバイジャンのビジネス業界が日本とのビジネスを重視しているのでしょうか。そして、なぜ日本との取引を他国より優先しようとしているのでしょうか。

アゼルバイジャンの特産品の海外輸出事業や日本の企業とも深くかかわっている、知り合いの経営者に話を聞きました。

「アゼルバイジャンのビジネス業界における日本の印象としては『強い経済』、『賢い国民』、『勤勉』、『自国民を大切にする』、『平均寿命が長い』、『約束や時間を何よりも守る』といったことが挙げられます。

　アゼルバイジャンでは『よくドイツ人は時間を厳守する』といわれますが、日本人と仕事をしている私としては、日本人のほうがより時間厳守で、仕事も正確。我々はその点に憧れているのです。

　もちろん厳しい側面もあって、常に繊細で、高い水準の仕事を要求されること。また、たとえ状況が変わってもそれは変わらず、契約したことを何としても守らなければいけません。

　例えば、１週間以内に商品を出荷する、あるいは1週間以内に資料を提出すると約束しても、休日や担当者が不在だったりするといった事情で、１週間が２週間になったりします。

　そんなとき、日本側は事情がどうであれ、責任を追及します。当然といえば当然ですが、各国にはその国独自の事情があることも、少し考慮してもらえるとありがたい、と思うときもあります。もちろん、我々は努力して、日本側の期待に応じるようにはしていますけれど……。

　実のところ、日本とのビジネスを考え始めた当初、私は実現は

到底不可能だと思っていました。それは、世界的にも安価な商品の競争力が強い昨今において、アゼルバイジャンの特産品の中には比較的高価なものもあるからです。

ところが、日本側は価格よりも品質を重視してくれました。私のところの商品は、高価であっても、質が良かったために、日本の市場に出ることができ、おかげさまで輸出量も年々増えています。

我々アゼルバイジャンの経営者にとって、外国人パートナーの中では、日本人への信頼が最も篤く、みんな喜んで日本の企業と提携しています。

日本の人々はたとえ文書や契約書のない口約束であってもしっかりと重んじてくれます。この点はアゼルバイジャン人同士の取引にも近く、共通している点だと思います。

最終的には、日本の経営者たちと合弁会社を設立し、工場をつくって、共に様々な特産品の商品開発と加工を共に進めて行きたいと考えています。

そして、日本人や日本企業に認められた商品だからこそ、自信を持って、今後はさらに全世界に輸出していきたいというのが私の願いです」

アゼルバイジャンとの食品貿易

谷口 洋和

「和食がユネスコ無形文化遺産登録された会議の開催国となったアゼルバイジャンでは和食が大人気」

こんな話に興味を持ち、2014年の11月、私はアゼルバイジャンの展示会に参加しました。持っていった商品は旅館などで使用されている和食の高級冷凍食品です。当時は１マナトが150円ほどでしたが、バイヤーたちには少し高いといわれてしまいました。

考えてみれば彼らにとって和食とは、私が持ち込んだ湯葉や海老しんじょうでも、ただ現地の安い食材を使って作ったおにぎりのようなサーモンの寿司も、出汁の入っていない味噌汁も同列なので、売れるわけがありませんでした。

本物の和食が本格的に求められるのはまだまだ先かなと思っています。１マナトが2018年８月現在65円ですから当時よりさらに状況的には厳しいでしょう。食品をアゼルバイジャンに輸出するならば安くて美味しいもの、または超富裕層向けの高くてもとても貴重なものの二択でしょう。

一方、輸入には大きな可能性があります。マナトが一気に４割程度に下落した分、もともと品質の良かった食料品の魅力がさらに上がりました。蜂蜜やザクロなどすでに日本に入ってきている

商品もあるように、アゼルバイジャンには日本でも売れる質の高い食料品、特に健康に良い食品がたくさんありますので、私たちも近いうちに輸入を始める予定です。

　また、アゼルバイジャンへの投資で私たちが一番注目しているのは農業分野です。もともと環境がよく欧州にも近いアゼルバイジャンの農業は、資金さえ集まれば急速に回り始めるといわれています。前述の通り投資利回りが20％という話も来ているため、情報を精査して希望される方にご案内していく予定です。

　まずはアゼルバイジャン投資視察ツアーを計画しています。ご興味のある方はぜひこちらのメールアドレスからご連絡ください。詳細に関しましてはURLをご参照ください。

●メールアドレス　info@azerjapan.com
●URL　azerjapan.com

7章 アゼルバイジャンの交通案内

安くて便利！ バクー市の地下鉄

　アゼルバイジャンはコーカサス3国（アゼルバイジャン、ジョージア、アルメニア）の中でインフラが一番整った国です。

　アゼルバイジャンに初めて地下鉄が開業したのは、まだソ連時代だった51年前の1967年11月6日。

　現在はレッドライン（Qırmızı xətt）、グリーンライン（Yaşıl xətt）、パープルライン（Bənövşəyi xətt）の3つで結ばれています。レッドライン（イチェリシェヘリ〈İçərişəhər〉駅からハジ・アスラノフ〈Həzi Aslanov〉駅まで）の延長は18.80kmで合計13の駅、グリーンライン（カタイ〈Şah İsmayıl Xətai〉駅からダル

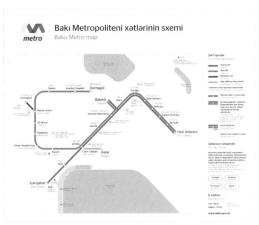

出典：http://www.metro.gov.az/en/

ナギュル〈Dərnəgül〉駅まで）は15.54kmで合計10の駅、パープルライン（アフトワグザル〈Avtovağzal〉駅からメマル・アジャミ〈Memar Əcəmi〉駅）はまだ建設中で、延長は約2kmで2つの駅からなります。レッドラインとグリーンラインは28May駅にて交差し、乗り継ぎができ、グリーンラインとパープルラインはメマル・アジャミ駅で乗り継ぎができます。

　地下鉄の総延長は36.63km。合計24の駅があり、車庫は1つ。地下鉄はアゼルバイジャンで唯一バクー市だけにあります。

　この地下鉄を1日に58万9,100人、年間2億1,500万人が利用しています（2015年）。2016年1月〜6月のデータによると、全国の交通機関の利用者のうち11.8%が地下鉄を利用し、バクー市に限っていえば、交通機関の利用者の約30％に地下鉄が利用されています。地下鉄はバクー市民の日常生活に欠かせないもので、2006年にはイルハム・アリエフ大統領が、毎年11月8日を「地下鉄労働者の日」とするという大統領令を出しています。

　さて、2章にも記しましたが、地下鉄料金は0.30マナト（約19円）。乗車区間が1駅でも、25駅でも運賃は変わりません。日本でいうところの「都バス」のようなものでしょうか。

　かつてはもっと安く、支払いには現金が使えましたが、最近は（日本の「ＩＣカード」のような）プラスチックカード「バクーカード（BakıKART）」のみの支払いに変わり、地下鉄に入るときだけカードを専用の機械にかざすシステムになっています。

地下鉄はバクー市に住む人々の通学や通勤はもちろん、バクーを訪れる観光客にとっても大変便利な交通手段です。安い運賃でバクーの主要観光地にアクセスでき、各駅には外国人用に機械が設置され、英語やロシア語の案内を見ることができます。また、駅周辺の観光情報も説明されていますので、活用してみてください。

　バクーを観光するときには、とりあえずタクシーを使うという人も多いのですが、電車が好きな人や、バクーの日常の風景が見たい人には地下鉄をお勧めします。私の経験上、東京駅や新宿駅よりははるかにわかりやすいので、安心して乗ってみてください。

　もしわからないことがあった場合には、近くにいる人に、日本人だと自己紹介したうえで、観光地名やガイドブックで行きたい場所を指差したりすれば、丁寧に説明してくれると思います。言葉が通じなくても、10人中8人ぐらいは目的地まで案内してくれるでしょう。手前味噌のようですが、それほどアゼルバイジャンには親切な人が多いと思います。また、アゼルバイジャン人は人の目を見る傾向にあるので、悪く思わず、皆さんも相手の目を見てあげてください。アゼルバイジャンでは、相手の目を見ることは失礼な行為には当たりませんから。

7章　アゼルバイジャンの交通案内

駅や電車のデザインも楽しみの１つ

　また、バクー市民の「足」ともいえる地下鉄には楽しみが満載です。駅によっては、そのまま外に出ず、ずっと眺めていたくなるようなデザインもあります。

詩人ニザミの作品の主人公をイメージした絵が並ぶニザミ駅構内(出典："Baku Metropolitan" Closed Joint Stock Company、http://metro.gov.az/en/)

　例えば、アゼルバイジャンの有名な詩人で小説家のニザミ・ギャンジェヴィ（Nizami Gəncəvi）の名前が付けられたニザミ駅（Nizami stansiyası）。デザインをしたのはソ連の一流建築家ミカイル・フセイノフ（Mikayıl Hüseynov）で、1976年に完成しました。

　駅構内にはニザミの作品に登場する主人公をイメージした絵が描かれています。

　2016年に完成したアフトワグザル（Avtovagzal）駅は、ガラ

ガラスのピラミッドをイメージしたAvtovağzal駅（出典："Baku Metropolitan" Closed Joint Stock Company, http://metro.gov.az/en/

スのピラミッドをイメージしたデザインになっています。イチェリシェヘリ駅も同じようにピラミッドをイメージしていて、撮影スポットとして人気が高い駅の1つ。2015年のヨーロッパ五輪開会式や閉会式が行われたオリンピックスタジアムへのアクセスもあるコログル（Koroğlu stansiyası）駅の建物もピラミッドをイメージしています。

　また、電車そのものにも注目してください。近代的な車両もあれば、レトロな車両[1]もあるので、電車好きにはたまらないでしょう。バクー市の地下鉄は見たり、乗ったりするだけでも楽しめると思います。

　現在、バクー市中心部については、地下鉄の便はいいものの、残念なことに中心部から外れた場所や郊外までは地下鉄が伸びていません。そこで政府は、2030年までに、ブルーライン、イエロ

---

[1] ただし、昔の車両は日常的には使われておらず、展示目的等で登場したりする。

近代的な車両もあれば、レトロな車両もあり、列車を見るのも楽しみの1つ（出典："Baku Metropolitan" Closed Joint Stock Company、http://metro.gov.az/en/〈左〉、http://president.az/articles/25729/images〈右〉）

ーラインの2線を新たに建設、現存の3線も延伸し、地下鉄本線の数を5つに、総延長を119km（現在は36.63km）まで拡大する計画を進めています。この工事は延長84.3kmにも及び、53の新しい駅が建設される予定です[2]。プロジェクトが完成すれば、地下鉄を通じてバクー郊外各地に行けるようになり、インフラ整備はさらに充実します。

油田開発と共に伸びていったアゼルバイジャン鉄道

アゼルバイジャンで鉄道工事が始まったのは1878年。建設が完了した1880年当時は、バクーとサブンチュ・スラハニ（Bakı-Sabunçu-Suraxanı）間を結ぶ20kmの鉄道でした。この後も貨物

---

2) "Baku Metropolitan" Closed Joint Stock Company のオフィシャルサイトの記事
http://www.metro.gov.az/en/news/article/168

物流における鉄道の建設は継続的に続いていきました。

　というのも、バクーの油田開発が進められた直後、ロシアへ石油を運ぶ際には馬車で運んでいたのです。さすがに、これではかなりの時間とお金がかかるということで、石油開発や石油輸送のうえで、鉄道開発の重要性や、実際の需要が非常に高まっていったためでした。これまでで最も開発が盛んだったのは、1970年代から90年代だといわれています。

　現在、鉄道の総延長は2910.1km、使われている部分は2079.3kmであり、そのうち802.3kmは複線区間です。

　鉄道線の59.7%は電化され、40.3%は蒸気機関車牽引列車によって稼働しています。蒸気機関車は電車や鉄道マニアにも大人気です。なお、1527.7kmの区間で自動信号システムが装備されています。

　アゼルバイジャン鉄道は176駅からなり、そのうち12の駅は最新技術で整備されたコンテナピットを持っており、3つの駅（ケシュラ、ギャンジャ、フルダラン〈Keşlə, Gəncə, Xırdalan〉）にて大型のコンテナが操作されています。

　19世紀末から20世紀初頭に、主に原油開発に伴い、建設された鉄道ですが、現在はアゼルバイジャンと隣接地域の間での重要な物流の役割も担っています。

　この鉄道は1991年のアゼルバイジャン独立後まもなく、隣国のアルメニアとの国家間戦争に巻き込まれ、25年近く経ったいまなお、飛び地になっているアゼルバイジャン領ナヒチェヴァン自治

共和国とアゼルバイジャン本土を繋げていた鉄道線は休止され、同自治共和国は封鎖状態に陥ったままです。

　約140年近い歴史を誇るアゼルバイジャン鉄道は、国内の主要都市や地区へのアクセスにとても便利です。

欧州からの期待も受けるバクー・トビリシ・カルス（BTK）鉄道

　バクー・トビリシ・カルス鉄道線（Bakı-Tbilisi-Qars、以下「BTK」）は、アゼルバイジャン・ジョージア・トルコの3国を結ぶ鉄道です。

　BTKの構想そのものは1993年から出ていましたが、ナゴルノ・カラバフ戦争により、実現にこぎ着けるまでに時間がかかってし

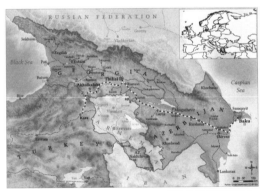

アゼルバイジャン、ジョージア、トルコの3国を結ぶBTK鉄道（出典：Giorgi Balakhadze　https://az.wikipedia.org/wiki/Bakı-Tbilisi-Qars_dəmiryolu_xətti#/media/File:Baku-Tbilisi-Kars_Railway_Map.svg）

まいました。

　2007年にようやく鉄道で結ばれる3国の首脳がトビリシ（ジョージアの首都）で集まり、鉄道建設を開始することで合意したのです。

　BTKの開業は、もともと2010年を予定していましたが、

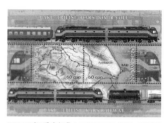

BTKの切手（出典：AZERMARKA MMC http://azermarka.az/2012.php?subaction=showfull&id=1352185584&archive=&start_from=&ucat=44&）

2007年の世界金融危機と2008年ロシア・ジョージア戦争など、さまざまな要因からどんどん後ろ倒しになってしまいました。

　そして、2017年10月30日にやっと完成したのです。忘れもしない、あれはちょうど私の29歳の誕生日でした。BTKもバクー・スプサ（ジョージア南東の都市）、バクー・トビリシ、ジェイハン（トルコ南部の都市）など、南コーカサスにおけるパイプライン同様、アゼルバイジャン・ジョージア・トルコの3国の協力や努力の賜物です。

　今後は、エネルギー、交通、防衛、教育などのさまざまな分野における3国の政治的・経済的なつながりをさらに強化するものとして注目を集めています。

　BTKの総延長は826kmです。そのうち105km（トルコ領土76km、ジョージア領土29km）が新線として建設され、残りの既存路線の改良工事も行われてきました。

　地図を見てみると、ジョージアを通るよりも、アルメニアの方

が近いのですが、先ほどお話した通り、アルメニアとはナゴルノ・カラバフ紛争をめぐって対立しているため、鉄道を通すことは政治的にも不可能でした。この紛争の問題が解決されない限り、アルメニアとの経済連携は難しいというスタンスから、この鉄道をアルメニアへの政治的・経済的な圧力の1つとして位置づける専門家もいます。

そして大事なのは、BTKは単にアゼルバイジャン・ジョージア・トルコという3国を結ぶだけの路線ではないということです。ロシア領土を通らずに、カスピ海の反対側にある中央アジア諸国、つまりカザフスタン、トルクメニスタンや中国、インドなどと欧州を結ぶ——、これがBTKの担った大きな役割なのです。

4章で書いたパイプラインと同様、欧州とロシアの緊張関係を考慮すると、今までにない選択肢として、BTKの欧州諸国における役割はやはり大きいと考えられます。

例えば、中国からの貨物は、カザフスタン、カスピ海、アゼルバイジャンなどを通じて15日間でヨーロッパに着きます。海運より2倍も速く、また空運の約半額になるのです。ヨーロッパから中国へ運ぶ場合もまた然りです。

初期段階では、年間100万人の旅客と650万トンのカーゴ（貨物）を運ぶことを予定しており、徐々に年間300万人の旅客と1,700万トンのカーゴを運ぶことが期待されています[3]。

---

3) https://www.azernews.az/business/120385.html

また、2017年9月30日までにBTKプロジェクトには、アゼルバイジャン国家石油基金（SOFAZ）[4]によって約640万米ドルが投資されたとのことです。ジョージアでの26kmにわたる新路線の建設と既存の153kmの改良工事の負担もアゼルバイジャン側が持っています。

　BTKの物流を任されているのは、アゼルバイジャンの「ADY Container」社[5]です。

　アゼルバイジャンは古代シルクロードにおいて交通の要衝であったように、現代においてもBTK鉄道を通じて交通の要衝としての役割を果たしています。

BTKの開業式、2017年10月30日。アゼルバイジャン、ジョージア、トルコの首脳らが参加（出典：http://minval.az/news/123734755）

---

4) ちなみにアゼルバイジャンの政府系ファンド「アゼルバイジャン国家石油基金（SOFAZ）」は2015年8月に東京・銀座の商業施設「キラリトギンザ」を4億米ドル以上（当時レートで523億円相当）で取得しました（http://www.japan-reit.com/article/2017ngk009）。
5) http://adycontainer.com/int/en/home-5

アゼルバイジャンならバスで海外旅行もできる!?

　地下鉄がないバクー以外の町や地区で、アゼルバイジャンの人々の日常生活に欠かせない交通手段となっているのがバスです。「ちょっとそこまで」といった近場へも、かなり遠くへ行くにもバスは使われます。島国である日本の人からすると、少し不思議な感じがするかもしれませんが、大陸の国であるアゼルバイジャンなら、東京から大阪に行くような感覚で、バスを使ってジョージアの首都トビリシへ行くこともできます。

　また、モスクワ（ロシア）、キエフ（ウクライナ）、ソフィア（ブルガリア）、イスタンブール（トルコ）、テヘラン（イラン）等にもバスで行けます。

　バクーの北西部にあるバクー国際バスターミナル（Bakı Beynəlxalq Avtovağzalı〈以下BBA〉）は最も大きなバスターミナルの1つ。ここからは、国内のいたるところへバスで行けますし、ジョージアやロシア連邦、イラン、トルコのさまざまな都市へも定期的にバスの便があります。アゼルバイジャンの飛び地で、ほぼ封鎖状態にあるナヒチェヴァン自治共和国へも1日4便のバス（イラン経由）が出ているのです。運賃もそれほど高くありません。

　BBAは2009年2月に開業し[6]、2013年9月からはインターネッ

---

[6]　BBAができるまではバクー市内に古いバスターミナルがあった。

トでもバスチケットを購入できるようになりました。さまざまなバス会社がいろいろなバスを出していますが、最近よく見かけるのはトルコのテム・サ社のバスです。

BBA の運賃表

No.	目的地	距離(km)	運賃(マナト)
1	ギャンジャ(Ganca)	348	8.40(549円)
2	アスタラ(Astara)	317	7.60(497円)
3	アグス(Agsu)	153	3.70(242円)
4	バラケン(Balaken)	441	10.60 (693円)
5	バルダ(Barda)	305	7.30(477円)
6	ギョランボイ(Goranboy)	313	7.50(490円)
7	ギョイチャイ(Goychay)	253	6.10(399円)
8	ガダバイ(Gadabay)	432	10.40(679円)
9	ランカラン(Lankaran)	272	6.50(425円)
10	イスマイユッル(Ismayilli)	260	6.20(405円)
11	ナブラン(Nabran)	219	5.30(346円)
12	ナフタラン(Naftalan)	326	7.80(510円)
13	ガク(Qax)	402	9.60(627円)
14	ガザフ(Qazax)	454	10.90(712円)
15	ガバラ(Gabala)	315	7.60(497円)
16	グバ(Quba)	167	4.00(261円)
17	サビラバド(Sabirabad)	176	4.20(274円)
18	シャマフ(Shamakhi)	116	2.80(183円)
19	シェキ(Sheki)	352	8.40(549円)
20	ザガタラ(Zaqatala)	418	10.00(653円)

出典：BBAのデータを基に筆者が作成　http://www.bbak.az/index.php
(1マナト＝65円、2018年8月16日現在)

バス旅におすすめの観光地「ギャンジャ（Gəncə şəhəri）」

　左の運賃表を見ていただくとわかるように、料金は地下鉄と同様にびっくりするぐらい安いのです。

　停留所は表に記載したものよりもっとたくさんあるのですが、上記の20の都市と地区は、ぜひとも皆さんに足を運んでいただきたい場所として選びました。ここで、その中の１つ、ギャンジャ（Gəncə şəhəri）をご紹介しましょう。

　ギャンジャ市は長い歴史を持っており、約31万の人々が住む人口国内第２の都市です。バクーから西へ348km、バスで約５時間（食事休憩を含むので６時間近くになることも）のところにあります。

　工業製品生産量ではバクー市、スムガイト市に続き、第３位の都市です。

　実はギャンジャ市は、1918年に誕生したアゼルバイジャン民主共和国がバクー市を解放するまで、同共和国の中心（首都）でもありました。当時の政権が使っていた建物は現在も歴史的建造物として大切に保存されています。

　ここは美しい街並みはもちろん、鹿をはじめ多くの動物を見ることもできる「ジャワド・ハン公園」のような公園や緑も多く、非常に清潔な街です。町のあらゆるところで見かける「街をきれいにしましょう」という看板の効果でしょうか。

17世紀の歴史的建造物シャフ・アッバスモスク(出典：https://az.wikipedia.org/wiki/Şah_Abbas_məscidi_(Gəncə))

　さて、約3000年前から存在していたともいわれるギャンジャですが、現在はアルミニウムやカーペットなど、たくさんの工場があります。観光地としても人気があり、1606年、シャフ・アッバス皇帝時代に完成した「シャフ・アッバスモスク」、またの名を「ジューマメスジディ」を訪れる観光客も大勢います。

　ギャンジャ市には、シャフ・アッバスモスク以外に「ブルーモスク」ともいわれる「イマームザーデ」(イスラム教シーア派のイマーム〈教主〉の子孫、及び主としてイランに残る彼らを祀ったモスク)もあり、毎年、国内外から多くの信者が訪れています。

　とりわけイスラム教の祝日である「犠牲祭」の時期にはモスクの中に入れないほどの人でごった返します。それは、お祈りによ

7章 アゼルバイジャンの交通案内

イマームザーデ（出典：Report.azニュースサイト https://report.az/en/religion/re-opened-imamzadeh-religious-complex-hosts-the-first-friday-prayer-photos）

って願いが叶ったあかつきには「イマームザーデ」を訪れることになっているため。このあたりでは犠牲祭で、羊をアッラーへ捧げることになっていますが、ギャンジャ市民は宗教的な理由から羊を非常に大事にしていることが伝わってきます。

　作られた時期はわかっていませんが、デザインや建築工法から14世紀末〜15世紀初頭あたりだと推測され、青と茶色のコントラストが美しい建物です。

　イマームザーデはギャンジャ市中心部からは7kmほど離れていますが、公共バスも出ており、交通の便は決して悪くありません。

　また、市内を歩いていると、目に付くのが町のシンボルともいわれている「チナール（Çinar）」と呼ばれる木です。樹齢数百年

197

という古木も多く、その姿がこの町の歴史を伝えてくれているようです。

　ギャンジャ市は街中のみならず、郊外にもとても美しく雄大な自然の景色が広がっています。

　実はそうした風景にはわけがあります。1139年、ギャンジャでとても大きな地震があったのです。その地震によって、山地ではとても美しく魅力的な湖「ギョイギョル」（Göygöl「青い湖」）が誕生しました。

　また、ギャンジャは、バクー地下鉄の「ニザミ駅」構内を紹介したときに触れた世界的にも有名な詩人で小説家のニザミ・ギャンジェヴィーの故郷でもあります。

　彼のお墓もこの市にあり、多くの観光客が訪れています。私も何度も行きましたが、イランの大統領も訪問したことがあるそうです。

　実は「ギャンジャ」という言葉は「宝箱」という意味なのですが、文字通り、ギャンジャ市は、政治的にも、歴史的にも、宗教的にも、観光的にも非常に優れていて、「アゼルバイジャン人の財産」ともいえる場所なのです。

　道路も整備されていて、バクー市からギャンジャまで車で来る場合、4時間30分ほどで着きます。

　ちなみに、アゼルバイジャン人は少し遠出をするときに寄り道をして、よく大好物のケバブを食べます。ギャンジャに行くときには、途中のクルダミル地区のレストランでケバブを堪能し、ゆ

っくり休憩を取る人も少なくありません。私もバクーからギャンジャへ行くときは、必ずこの地区のお店に寄ります。特別に高級なレストランというわけではありませんが、おいしいお店も多いからです。そんなこんなで、6、7時間かけてのんびりドライブする人も多いのです。

　そして、ギャンジャに辿り着いたら、ぜひこの地域独特のバクラヴァを食べながら、地元の香り高くおいしい紅茶をゆったり味わってみてください。

Column

アゼルバイジャンの交通

谷口 洋和

首都バクーのヘイダル・アリエフ国際空港に降り立ち、バクー市内に向かうのはほとんどの人がタクシーに乗ります。アゼルバイジャンのタクシーは値段が適当なので、複数のドライバーが一斉に声をかけてきて少し怖いですし、ちょっとした交渉で15マナトほど価格が変わります。

バクー市内の近場でも2～3マナトほど高くいってくることが多いので、そんなときは断って10mほど歩きましょう。よほど忙しくない限りドライバーが追いかけてきて、妥協した値段を提示してくれます。最初からアプリでUberかTaxifyを利用すれば全く問題がありません。

運転マナーはお世辞にも良いとはいえませんので、日本人の感覚でレンタカーを借りるのは非常に危険です。よほど運転に慣れた方でないと永遠に右折できず大渋滞の原因を作ってしまうかもしれません。ただし歩行者には結構優しいのが、この国の好きなところの1つでもあります。

5年前は旧ソ連時代の、走っているうちにタイヤが取れそうな車も少なくなかったのですが、いまや急激に減っています。優しい運転の方が多少増えたのかなという気がするものの、単純に道が広くて便利になってきているだけかもしれません。

地下鉄は乗り方が少し不便ですが、バクーの中心地を網羅していますし、治安もいいので安心して乗れます。車体は古いものもありますが非常に清潔な車内です。

遠隔地や外国に行く長距離バスはそれなりに快適ですが、街中を走る路線バスは地元のあまり裕福ではない方向けのもの。小銭がないとお釣りがなかったりしますし、朝夕は通勤ラッシュの山手線レベルで混むので、日本人としては一度体験してみれば十分だと思います。

8章 アゼルバイジャンをより楽しむために

アゼルバイジャン流「おもてなし」

　アゼルバイジャン人は大昔から「お客さんを大事にすべき」という教育を受けてきました。

　家を建てるときは必ずお客様用のゲストルームを設けているほどで、各家にはゲストルームが必ず付いていました。絵画や壺といったその家の一番貴重な品物も、ゲストルームに保管されています。

　お母さんたちは娘さんたちへのジェヒズ（結婚する娘の新しい家用の家具などで、「嫁入り道具」のようなもの）には、必ずゲスト用の布団や日用品も用意しています。

　お客さんがいつ来てもいいように、アゼルバイジャンの人たちはゲスト用の部屋の準備を怠ることはありませんし、日頃からお祖母さんたちは、お嫁さんに「必ず一人分多くつくってね」と、ゲスト用の食べ物も用意するよういっています。

　また、お客さんが来たときにはきれいなスリッパをはいてもらい、敬意を示すために、たとえテーブルクロスが新しくても、すぐに新しいテーブルクロスに変えます。そして、お客さんにはまず紅茶を召し上がっていただきます。その後、さまざまなおいしい料理をテーブルに並べていくのです。

　お客さんが寝る前には、お風呂（アゼルバイジャンの家はほとんどお風呂付き）を用意し、シャワーを浴びてもらいます。もち

ろん、きれいなパジャマも出しておきます。そして、お客さんが帰るときには、その家族の分までお土産を渡す。これがアゼルバイジャン流「おもてなし」です。

アゼルバイジャン料理・シェキ名物「ピティ (Piti)」

　観光でアゼルバイジャンを訪れる方にとっては、食事も気になるところではないでしょうか。アゼルバイジャンの食文化はとても多種多様です。料理は独自の歴史やオリジナリティを持っており、近隣諸国とはかなり異なります。

　北海道よりやや大きい領土に9つの気候があるため、果物も野菜も豊富に取れるアゼルバイジャンですが、南部や北部、西部と東部でも食文化や生活習慣が異なります。

　そこで、一般的に知られている有名な料理から、風邪を引いたときにお母さんが出してくれる家庭の味まで、おすすめのアゼルバイジャン料理をご紹介したいと思います。

　アゼルバイジャン料理は味や作り方、調味料の種類から、アジア諸国の料理に近いとされています。アゼルバイジャン料理の中で歴史がかなり古いのは、骨なしの羊肉とサフラン水で作るスープ「ピティ」(Şəki Pitisi) です。

　今では全国で食べられますが、シルクロード上の重要な都市で、

観光地としても知られている、アゼルバイジャン北西部の都市・シェキのピティは最高です。

日本では味噌ラーメンといえば札幌と決まっているのと同じように、アゼルバイジャンではピティといえばシェキと相場が決まっています。首都バクー市でもシェキ出身の人が出しているお店があり、おいしい料理が食べられるので、ぜひ探してみてください。

さて、肝心のピティの料理法ですが、まずは、素焼きの鍋に羊肉を入れたのちにサフラン水を加え、火にかけます。その後、豆、玉ねぎ、塩、唐辛子を加えます。肉がほどよく煮上がったら、さらにジャガイモも入れます。途中、中の様子が気になるかもしれませんが、そこはじっと堪えて、鍋の蓋は頻繁に開けず、じっくり煮ることで、肉が柔らかくなり、香り豊かなおいしいピティの出来上がりです。

アゼルバイジャン人の大好物「ケバブ」

アゼルバイジャン料理の中で、最も愛されているといっても過言ではないのが「ケバブ」です。日本でケバブというとまず想像するのはトルコレストラン等でよく見かける、ぐるぐる回りなが

ら焼く「ドネルケバブ」だと思います。アゼルバイジャンでも至る所で見かけますし、とても美味しいのですが、これはケバブの一種類に過ぎません。

また、ロシアでは「シャシュリグ」と呼ばれていますが、テュルク語の「シシリク」という言葉からきています。「シシ」とは、かなり大きな「串」のようなもので、それに肉や野菜を刺し、炎の上でバーベキューのように焼いていくのです。

ところで、インドにカレーの種類がいっぱいあるように、アゼルバイジャンのケバブの種類も多いことをご存知でしたか？ ルレ・ケバブ（lülə kabab）、タワ・ケバブ（tava kababı）、サジ・ケバブ（sac kababı）、バスディルマ・ケバブ(basdırma kababı)は代表的です。

19世紀半ば頃、ロシアの有名な小説家アレクサンドル・デュマがアゼルバイジャン各地を回ったとき、いろいろな食事の中でケバブが一番おいしかったと述べたそうです。

アゼルバイジャンのケバブで最もおいしいとされているのは、羊のリブ肉（肋骨部の肉）を使ったものとされています。切った肉に、塩、唐辛子、玉ねぎ（すりおろしもスライスもお勧めですが、私はスライスが好み）をかけ、肉をより柔らかくするためにキウイフルーツの搾り汁もかけ、数時間冷蔵庫の中で馴染ませます。その後、串にさして、バーベキューします。ケバブを焼くいい香りは、かなり遠くからでも感じられ、食欲がそそられること間違いありません。

アゼルバイジャンの代表料理ドルマ

　アゼルバイジャンを代表するもう一つの料理は「ドルマ」です。「ドルマ」とはアゼルバイジャン語で「詰める」や「包む」という意味。葉のドルマ（yarpaq dolması ブドウ〈地域によってはカリン〉の葉）、キャベツ・ドルマ（キャベツの葉）、スリーシスターズ・ドルマ（ナス、ピーマン、トマトの実）などがあります。

　脂が乗った羊肉、または油のない羊肉に羊の尻尾の脂を加えてつくります。肉をミンチにし、塩、唐辛子、ハーブ類、玉ねぎ、丸い米[1]を加えます。

---

[1]　アゼルバイジャンで使われるお米の多くはパキスタン産とインド産。それぞれ2種類あって、細くて長い長粒種と、ちょっと丸く短い短粒種。長粒種はプロフ料理、短粒種はドルマ料理等に使われる。地元でも作っているものの自給できていないため、基本は輸入で、どこのスーパーマーケットに行っても必ず輸入品のコメが並んでいる。

8章　アゼルバイジャンをより楽しむために

　それをブドウやキャベツの葉、あるいはカリン、ヘーゼルナッツの葉で巻きます。キャベツ・ドルマに砂糖を入れて「甘いドルマ」をつくる人もいます。

　また、キャベツ・ドルマの中にクリの実を加えたりもします。出来上がったキャベツ・ドルマにザクロジュースをかけて食べると、より一層おいしくなるのでお勧めです。

　葉のドルマには、にんにく入りヨーグルトをかけても美味。

南部の料理「レベンギ」

　また、アゼルバイジャン南部、特にランカランを訪れたら、ぜひとも食べていただきたい料理が「レベンギ」（Ləvəngi）です。レベンギは、魚や鶏、野生鳥の中に、クルミ、ピクルス、玉ねぎ、塩、唐辛子を入れたものです。表面にマヨネーズをかけ、オーブ

ンに入れます。表面に焼き色が付いたら出来上がりです。ぜひアゼルバイジャン南部の人たちが誇りに思っている、絶品のレベンギを味わってみてください。

アゼルバイジャンでは特に魚料理がご馳走

　お肉だけではなく、アゼルバイジャンには魚料理も数々あります。特に、クール川やアラズ川沿いの地域や、カスピ海沿岸地域の人々は魚料理をよく食べています。

　もともと羊肉や牛肉、鶏肉を使った肉料理が多いアゼルバイジャンでは、魚料理はとりわけ豪華なイメージがあります。週に1度（金曜日は「魚の日」）は、家族皆で魚を食べましょう、といった文化もあるほどです。

　アゼルバイジャン人が最も好み、最も食べる魚はチョウザメで、ちょうど日本人にとっての鮭のような感覚かもしれません。チョウザメはグリルにするのが一番お勧めです。バクー市にあるテゼ・バザール（Təzə Bazar 市場）でも購入できます。

アゼルバイジャン料理の王様「プロフ(Plov)」

さて、アゼルバイジャン料理の王様といえば、プロフです。アゼルバイジャンでは結婚式やお葬式の際に必ずテーブルに並ぶ料理の一つ。プロフの種類はたくさんあります。

中でも西部にあるカラバフ地域の女性が好んでつくるのが、鶏プロフです。鶏の毛をきれいにむしり、お腹の中にピクルスや栗の実、梅やアプリコットなどのドライフルーツ、塩、唐辛子を詰めたものを鍋に入れます。

さらに、その上に別の鍋で炊いた米を加え、火にかけること数時間で、鶏プロフの出来上がりです。鍋の底の鶏肉の香りがお米に染みこんで何ともいえない美味しさです。

生地料理が盛んなアゼルバイジャン(Xəmir yeməkləri)

アゼルバイジャンは生地料理も多く、民間療法にも使われてい

ます。特に、バクー市や周辺地域でよく食べられています。

　例えば、アゼルバイジャン風小餃子の入ったブイヨンスープ・デュシュベレ（Düşbərə）やアゼルバイジャン風クレープ・クタブ（Qutab）。これらは特に冬に食べる料理です。バクー郊外で、一番有名なクタブは「ラクダ肉のクタブ」です。一度食べると、やみつきになるほど！　日本人はラクダ肉に馴染みがないかもしれませんが、柔らかくて、見た目は鶏肉、味は牛肉に近く、アブシェロン半島料理には欠かせません。

　また、ここでは海外ではあまり知られていないものの、おすすめの生地料理を二つ紹介したいと思います。

　ウマジ（Umac）とエリシュテ（Əriştə）です。この２つはレストランやカフェではお目にかかれない家庭料理です。

　ウマジの材料（１人分）は、小麦粉50g、卵１個、玉ねぎ18g、ミント１g、サフラン（もしくはウコン）0.1gと塩（小さめのスプーン４分の１ほど）です。

　まずは小麦粉に手で軽く水をかけ、小麦粉が比較的丸く硬くなるまでマッサージするように手でこねます。玉ねぎを細かく切ってフライパンで炒め、塩、唐辛子、酸味のある梅（梅干しではなく、ドライフルーツ）、お湯を加えます。お湯が沸騰したらこねて丸めた小麦粉をフライパンに入れ、５分ほどで出来上がりです。色鮮やかになり、健康にもいいので、ウコンもしくはサフランを入れます。最後にミントも入れてください。

8章　アゼルバイジャンをより楽しむために

アゼルバイジャンの代表的な生地料理「クタブ」(左)、
風邪にも効果的！　アゼルバイジャンの家庭料理「エリシュテ」(右)

　続いて、エリシュテです。まずは鍋に油を引き、細かく切った玉ねぎを炒めてから水を加えます。ボールに、小麦粉、水、卵、塩を入れ、生地を作り、綿棒を使って薄くなりすぎないように気を付けながら伸ばします。

　できた生地を乾かしてから、マカロニのように細かく（あるいは好きな形に）切って、鍋に入れます。さらに、別の鍋で茹でたインゲン豆（lobya）を加えます。次にピクルス、ハーブ類、ミントやスイバ（əvəlik）を入れます。ピクルスの酸味やミントの香りとインゲン豆のうま味が合わさって絶妙な美味しさです。

　日本では田んぼのあぜ道や道端で見られたスイバ（別名すかんぽ）ですが、アゼルバイジャンでは野菜として栽培しています。スイバを単体で使うことはないものの、スープの具にしたり、サラダにつけ加えたり、肉料理にも使います。実は古代ギリシャや古代ローマでも薬草として使われてきた歴史があります。

　解熱作用のあるハーブとしても知られるスイバが入っているた

め、エリシュテを食べると体が元気になるといわれています。また、ウマジにスイバを使う家庭もあります。ウマジにはサフランも使われていますが、こちらも昔から薬草として使われてきました。

アゼルバイジャンのバザール（市場）などでも買えるので、日本人のお客さんを連れていくと、お土産に買って行かれる方も少なくありません。

ウマジもエリシュテも、食べると体が温まるといわれ、アゼルバイジャンでは風邪を引いたときにつくる家庭料理として知られています。

バザールでおすすめのお土産

ちなみに、他にもアゼルバイジャンのバザール（Təzə Bazar）で買える逸品があります。キャビア（İkra）です。アゼルバイジャン人はキャビアを、日本人の海苔感覚で、朝食に食べる習慣があります。

バターを塗ったパンの上にキャビアを乗せ、地元のおいしい紅茶を飲みながら食べるのが一般的な朝食です。私も子供の頃、特に1990年代には、週に何度か朝食でキャビアを食べていたことを覚えています。しかし2000年代に入ってからは、残念ながら価格が上がって高級感が増したことで、富裕層向けの食べ物というイメージへと変わってしまいました。また、キャビアのほとんどが

ヨーロッパに輸出されています。

 とはいえ、日本で買うよりはかなり安く90gの小瓶のチョウザメキャビアを約120～150マナト（8,000円～10,000円）前後で買うことができます。キャビアの1キロはモノによってだいたい1,000～1,500マナトです。場合によっては高くなったりもするので、高度な交渉術を駆使してねばってみてください。ベルーガキャビアはより高級とされ、チョウザメキャビアより20～30％ほど高い傾向にあります。

アゼルバイジャン人とアゼルバイジャン語で会話しよう

 さて、そろそろあなたもアゼルバイジャンに行きたくなってきたのではないでしょうか。

 もしアゼルバイジャンへの旅行を考えているなら、次頁の簡単な会話集をぜひ参考にしてみてください。親日家であり、「おもてなし」大好きなアゼルバイジャン人ですから、日本人からアゼルバイジャン語で挨拶をされようものなら、さらに歓迎してくれるはずです。

アゼルバイジャン語で挨拶しましょう

日本語	アゼルバイジャン語
おはようございます	Sabahınız xeyir（サバヒニズ・ヘイル）
こんにちは	Salam（サラーム）
お元気ですか	Necəsiz?（ネジェスィズ）
晴れていますね	Hava aydındır（ハワ・アイデゥンデゥル）
大丈夫です	Problem yoxdur（プロブレム・ヨフデュル）
ありがとうございます	Təşəkkür edirəm（テシェッキュル・エディレム）
どういたしまして	Dəyməzまたは Buyurun（デュメズまたはブユルン）
さようなら	XudahafizまたはHələlik（フダハーフィズまたはヘレリク）
私の名前は・・・です	Mənim adım ... dır.（メニム・アディム・・・デゥル）
私は日本人です	Mən yaponam（メン・ヤポナム）
私は日本から来ました	Mən Yaponiyadan gəlmişəm（メン・ヤポニヤダン・ゲルミシェム）
アゼルバイジャンが好きです	Azərbaycanı çox sevirəm（アゼルバイジャヌ・チョー・セウィレム）
お名前は何ですか	Adınız nədir?（アディニズ・ネディル）
知り合いになってもいいですか	Sizinlə tanış olmaq olar?（スィズィンレ・タニシュ・オルマグ・オラルム）
優しい方ですね	Siz çox mehribansız（スィズ・チョー・メフリバンスズ）
ガイドになってくれませんか	Bələdçim olmazsız?（ベレデュチム・オルマズススズ）
トイレはどこですか？	Ayaq yolu hardadır?（アヤグ・ヨル・ハラダドゥル）

8章 アゼルバイジャンをより楽しむために

タクシーで使う言葉

日本語	アゼルバイジャン語
乙女の塔まで行きたいのですが	Qız qalasına kimi getmək istəyirəm(ギズ・ガラスナ・ゲテゥメク・イステイレム)
旧市街までお願いします	İçəri şəhərə zəhmət olmasa(イチェリ・シェヘレ・ゼフメト・オルマサ)
国旗広場までお願いします	Bayraq Meydanına zəhmət olmasa(バユラグ・メユダヌナ・ゼフメト・オルマサ)
いくらですか？	Neçəyədir?(ネチェイェデュル)
いいえ、高いですよ	Yox, çox bahadır(ヨー、チョー・バハデゥル)
安くしてください	Ucuz edin zəhmət olmasa(ウジュズ・エディヌ・ゼフメト・オルマサ)
他のタクシーはもっと安かったよ	O biri taksi daha ucuz idi(オ・ビリ・タクシー・ダハ・ウジュズ・イディ)
もういいです	Artıq lazım deyil(アルテゥク・ラジム・デイル)
では、行きましょう	Oldu、gedək(オルデゥ・ゲデク)

親日家のアゼルバイジャン人との会話

日本語	アゼルバイジャン語
日本が好きですか？	Yaponiyanı sevirsiz?(ヤポニヤヌ・セヴィルスィズ)
日本のどんなところが好きですか？	Yaponiyanın nəyini sevirsiz?(ヤポニヤヌン・ネイニ・セヴィルスィズ)
日本に行ったことがありますか？	Yaponiyaya getmisiz?(ヤポニヤヤ・ゲテゥミスィズ)
日本に行きたいですか？	Yaponiyaya getmək istəyirsiz?(ヤポニヤヤ・ゲテゥメク・イステイルスィズ)
日本人の友達がいますか？	Yaponiyalı dostunuz var?(ヤポニヤリ・ドストヌズ・ワルミ)

友達になりませんか？	Dost olaq?（ドスト・オラグミ）
日本の食べ物は 好きですか？	Yaponiya yeməklərini sevirsiz?（ヤポニヤ・イェメクレリニ・セヴィルスィズ）
日本のアニメは 好きですか？	Yaponiya animasiyalarını sevirsiz?（ヤポニヤ・アニマスィヤラリニ・セヴィルスィズ）
日本についていろいろ 教えますよ	Yaponiya haqqında Sizi məlumatlandıracam（ヤポニヤ・アニマスィヤラリニ・セヴィルスィズ）
アゼルバイジャンは 素敵な国ですね	Azərbaycan gözəl ölkədir（アゼルバイジャン・ギョゼル・オルケデゥル）

アゼルバイジャンの有名なスポーツ

　また、アゼルバイジャンの魅力として、スポーツを挙げたいと思います。政府もスポーツの分野にはかなり力を入れており、特に強いのは格闘技です。アゼルバイジャンの男性には「男は強くあれ」という教えもあり、みんな熱心に格闘技を習っています。中でも、レスリング、柔道、空手、合気道、テコンドー、キックボクシングは特筆すべきものがあります。

　1991年にソ連からの独立を果たし、1992年バルセロナから2016年リオまで、金・銀・銅合わせて43のメダルを獲得しました。

　レスリングや柔道の場合、オリンピックや世界選手権で、日本人とアゼルバイジャン人の選手が準決勝や決勝で対決することもよくあります。例えば、2017年の世界柔道選手権大会では、60kg級の決勝戦でオルハン・サファロフ選手が高藤直寿選手と、73kg

級の決勝戦ではルスタム・オルジョフ選手が橋本壮市選手と戦いました。ルスタム・オルジョフ選手は2016年リオ五輪の決勝戦では大野将平選手とも対決しました。しかし、残念なことにいずれの選手も日本選手に敗退。アゼルバイジャンの柔道家にとって、日本人は乗り越えられない高い壁のようです。

　アゼルバイジャンでは、スポーツの発展に政府がかかわっていて、2016年のリオ・オリンピックで金メダルを獲得した選手には40万マナト＝約2,670万5,920円（コーチは半額の20万マナト）、銀メダルは20万マナト（コーチは10万マナト）、銅メダルは10万マナト（コーチは５万マナト）を報酬として与えるという大統領令も出されました。
　これは国際舞台でアゼルバイジャンの国旗を掲げることができる選手に対する政府の評価だといえます。他にも企業から不動産や自動車が贈られることもあります。
　スポーツではありませんが、競技といえば、チェスのレベルもなかなかのものです。2017年11月にギリシャで行われたヨーロッパ選手権では、アゼルバイジャン代表が独立後3度目の優勝を果たしました。
　サッカーも昔から人気があるスポーツですが、アゼルバイジャンの代表はこれまで良い結果を残せませんでした。しかし、アルメニアとの紛争で占領地域となっているアグダム市の「難民クラブ」ともいわれるサッカークラブ・カラバフ（Qarabağ FK）が、

2017年のUEFAチャンピオンズリーグにおいて、アゼルバイジャン史上初の本戦出場を決めました。これは国内外でも話題となったので、ご存知の方もいらっしゃるかもしれませんね。

その結果、ヨーロッパの強豪クラブである、ローマ、チェルシー、アトレティコマドリードと同じグループで戦ったのです。今後も、アゼルバイジャンのサッカーのレベルアップには期待が寄せられています。

アゼルバイジャン語とアゼルバイジャン人について

アゼルバイジャンの人口は約1,000万人です。そのうち、9割以上がアゼルバイジャン人で、それ以外に少数民族のレズギン系（約2％）、ロシア系（1.3％）、トルコ人、ウクライナ人、ジョージア人なども住んでいます。

ここで取り上げたいのが、「アゼルバイジャン語」と「アゼルバイジャン人」という民族の誕生についてです。どのようにしてアゼルバイジャン語が生まれたのか、どのようにしてコーカサス地域にアゼルバイジャン人という民族が生まれたのか、について、京都大学の塩野崎信也さん著書『〈アゼルバイジャン人〉の創出　民族意識の形成とその基層』[1)]を参考に紹介したいと思います。

塩野崎さんは私の友人でもあり、2010年にバクーでアゼルバイジャン語を教えたり、アゼルバイジャン語での国際シンポ

---

1) 特に、第6章「〈アゼルバイジャン人〉の出現　—　ウンスィーザーデとティフリスの論客たち」、pp. 213-260 を参照。

ジウムにおける報告の準備のお手伝いをさせていただいたことがありました。

　当時から私自身も自分のアイデンティティについて考えたことはありましたが、学術的に研究することはありませんでした。そこで、2017年3月に京都大学学術出版会によって塩野崎さんの著書が出版されたことを幸いに、何度も読み返しました。日本や世界でアゼルバイジャン人の民族意識を徹底的に調査し、明らかにした、とてもユニークで貴重な本です。それは一人のアゼルバイジャン人として、今後の人生における私の宝物にもなりました。

　アゼルバイジャン語と呼ばれている言語やアゼルバイジャン人と呼ばれている民族はこうやって生まれたのだと感銘を受けました。420ページにもわたる本で、すべての内容というわけにはいきませんが、アゼルバイジャン人とアゼルバイジャン語に関して、簡単にご紹介したいと思います。

　アゼルバイジャンの知識人の間でもかなり有名な話で、塩野崎さんの著書でも明らかになっているのですが、19世紀半ばまでは現アゼルバイジャン領に住んでいた知識人たちは自分たちの言語を〈アゼルバイジャン語〉ではなく、〈トルコ語〉や〈タタール語〉と呼んでいました。

　しかし、彼らは自分たちの言語とトルコ語やタタール語の違いを自覚していたため、明確には言語名を付けていなかったと塩野崎さんは記しています。

　彼の研究の結果、明らかになったのは、史上初の「アゼルバイジャン語の教科書」は1888年にトビリシで出版された『母国語（第2版）』だということです。それまではトルコ語やタ

タール語の教科書が出版されていました。

　塩野崎さんによれば、19世紀後半には「アゼルバイジャン語」という表記をしている書籍が他にもいくつかありますが、それぞれ「トルコ・アゼルバイジャン語」や「アゼルバイジャン語」など、その呼称に若干の違いがあります。

　例えば、当時ロシア帝政下でアゼルバイジャンの知識人ジェラール・ウンスィーザーデが発行していた雑誌『ケシュキュル』でも、「アゼルバイジャン語」が言語名として繰り返し使用されていました。自分たちの言語として「アゼルバイジャン語」、または「アゼルバイジャン・トルコ語」という表現が使われていたというのです。

　つまり、今のアゼルバイジャンの土地に住んでいた人たちは、「タタール語」や「トルコ語」と自分たちが実際に使っている言語との違いにも気づきつつも、何と呼べばいいのか、まだ定まっていなかったようです。

　そこで、当時の知識人が本の出版に際し、「トルコ・アゼルバイジャン語」、「アゼルバイジャン語」という言語名を使い始めたことにより、それがだんだん一般人の間でも普及していったというのが、塩野崎さんの研究で明らかになったのです。

　では、アゼルバイジャン人という民族名はどのようにして生まれたのでしょうか。
　この質問の答えも塩野崎さんの著書にあります。
　彼が雑誌『ケシュキュル』を徹底的に調査した結果、以下のことを明らかにしました。
　雑誌には「カフカースのムスリム」、「ムスリム」、「トルコ人」、「カフカースにおけるトルコ人」という表現も多く、民族の名

前は一定していないと指摘しています。

ここで塩野崎さんは、当時「ムスリム」と「トルコ人」が並行して使われている理由として、主に２つの点を指摘しています。「１つは、彼らの自己認識がそもそも多重的なものであった、という点。彼らは、〈ムスリム〉であると同時に〈トルコ人〉であった。第２に、彼らは〈ムスリム〉と〈トルコ人〉のどちらも自分たちの呼称としては適切ではないと考えつつも、それに代わる呼称を見出せずにいた、という点である」と。

塩野崎さんの研究で取り上げられている『ケシュキュル』誌第115号（1890年11月16日付）で初めてアゼルバイジャン人という呼称が出てきます。

『ケシュキュル』で取り上げられる記事の中で、自分たちは「ムスリム」でもなく、ロシア人が呼ぶところの「タタール人」でもないとし、民族とは「言語、習慣、特質」によって定義されるものとして、アラズ川（アゼルバイジャンとイランの国境線に流れている川＝筆者）の向こう側、現イラン北部の住民と[2]現アゼルバイジャン[3]の住民を併せて「アゼルバイジャン人」と呼ぶべきだとあるのです[4]。

では、なぜ「アゼルバイジャン」という単語を使ったのかについては、当時バクーで発行されていたロシア語の新聞「カスピ」の1891年の93号（５月１日付）掲載の「ザカフカースのムスリムは、何と呼称すべきか」という、メヘンメト・アーガー・シャーフタフティンスキー（1846―1931）による論説の内容を挙げています。

---

[2] 塩野崎氏は「アーザルバーイジャーン」という表現を利用している。
[3] 塩野崎氏は「南東コーカサス」という表現を利用している。
[4] 塩野崎信也『アゼルバイジャン人の創出』p226-228（2017年）。

「南東コーカサスの住民は、これまで〈ムスリム〉や〈タタール〉と呼ばれてきたが、どちらも適切な呼称ではない、と主張されている。そして、ヨーロッパの学者らは、この民族や言語を〈アゼルバイジャン・トルコ〉と呼称している、と指摘する。ただ、日常的に用いる際の勝手を考慮して、これらは単に〈アゼルバイジャン〉とするのが適切である、と最後に主張されるのだ」5)

　1991年にソ連から独立を果たしたアゼルバイジャン共和国でも、しばらくアイデンティティをめぐる議論が盛んにされてきました。公式には「アゼルバイジャン語」「アゼルバイジャン人」としていますが、場合によってはいまだに論争になることもあります。

　アゼルバイジャンは独立国家であり、国民はテュルク系民族であったとしても、トルコ人や「トルコ系アゼルバイジャン人」と呼ぶべきではないとのことで、「アゼルバイジャン人」と呼ぶべきだと主張する人が多いです。

　カザフスタンの人もトルクメニスタンの人も、ウズベキスタンの人も、キルギスの人も、みんなテュルク系民族ですが、「トルコ系カザフスタン人」ではなく、「カザフスタン人」と呼んでいるじゃないか、他のテュルク系民族も同じだろうということで、なぜ我々アゼルバイジャン人だけは、「アゼルバイジャンのトルコ人」とか「トルコ系アゼルバイジャン人」という言葉を使うのかといった議論から「アゼルバイジャン人」という呼び方が定着していったのです。

---

5) 塩野崎信也『アゼルバイジャン人の創出』P231-232

Column

アゼルバイジャンのおもてなし

谷口 洋和

　アゼルバイジャンには美味しい料理が多いけれども、結局は滞在期間のほとんどの食事でケバブを食べて過ごしてしまいます。ワインにもビールにも合うケバブを食べながら、アゼルバイジャンの持つ上品な中東の非日常的な雰囲気に毎晩酔うのはとても楽しいことです。

　また、飲食店で働いているスタッフのホスピタリティが非常に高いのも、とても気持ちがいいです。もともと美男美女が多いうえに、気がきいて笑顔が素晴らしいおもてなしをうければ誰だって喜んでしまいますよね。

　ただし最近になってオープンした店は、海外からアゼルバイジャンに移住したというスタッフも多く、あまり良いサービスを受けられないこともあります。真新しいところより少し伝統がある雰囲気のお店が良いかもしれません。

　日本食のお店も以前は非常に高く、奇っ怪な日本食を出す店が多かったのですが、最近は安くて美味しい居酒屋さんも出来ています。

　こんな生活を1週間も滞在すれば必ずベルトの穴が1つズレてしまいますが、ただのビール腹になるというよりは、お腹も胸も筋肉が盛り上がったような太り方をします。アゼルバイジャンの男性の胸筋背筋が妙に発達しているのはDNAだけではなく、食べ物のせいかもしれません。

　あと、羊肉や香草など匂いが強い食べ物が多いので、少しずつ自分の体臭が変わってくるのがわかります。ただし周りから指摘されるほど強く臭うこともありませんし、1週間もすればそんな身体の変化も楽しんでみられるようになるでしょう。

ギュルセル・イスマユルザデ駐日アゼルバイジャン
特命全権大使のインタビュー

　2017年はアゼルバイジャンと日本の外交樹立25周年という記念すべき年でした。両国の首脳から相互への祝電も交わされ、外務政務官の堀井学さんがアゼルバイジャンを訪問されました。

　1998年、アゼルバイジャンの全国民指導者ヘイダル・アリエフ元大統領が、アゼルバイジャン独立後に初めて日本を公式訪問しました。ここから2国間の本格的な関係が始まったのです。その際、天皇陛下にお目にかかる光栄もあり、橋本龍太郎総理（当時）とも意見交換をしました。2006年3月にはアゼルバイジャンのイルハム・アリエフ大統領も日本を公式訪問しており、天皇陛下や小泉総理（当時）との会談が行われています。

　こうした政治的な強い基盤があることは、両国にとって重要なポイントです。

　ご存知の通り、アゼルバイジャンは石油と天然ガスを含む資源が豊富な国です。1994年9月にはBP社（イギリス大手石油会社）等を含む世界各国の大手企業と「世紀の契約」を結びました。1995年からは日本の伊藤忠商事（続いてINPEX）がアゼルバイジャンの石油開発に投資し、現在も両社はアゼルバイジャンのASG油田とBTCパイプラインのシェアホルダーになっています。加えてこれまでに日本政府を通じて、アゼルバイジャンで発電所などもつくられています。このように、エネルギー分野においても日本とアゼルバイジャンは密接な関係にあります。

　また、アゼルバイジャンと日本はIT、農業、観光業においても良き協力関係を結ぶ大きな可能性があると考えています。

8章　アゼルバイジャンをより楽しむために

2016年1月からバクー市と小松市（石川県）の間で貨物の直行便が週2回、2017年12月からは関西空港からも貨物直行便が就航しています。私が知る限りでは、これから週4便の貨物直行便がアゼル
バイジャンと日本の間で就航することになります。

　そして、おそらく2019年には両国間で旅客の直行便が就航されることになると思います（アゼルバイジャン航空〈AZAL〉が就航予定）。また、1998年からは日本・アゼルバイジャン経済合同委員会も設立され、伊藤忠商事、三井、三菱、住友等がメンバーとなっています。

　さらに今後は両国間における中小企業の交流が極めて大事だと考えています。

　現在、アゼルバイジャン政府は石油に依存しない国づくりに力を入れており、実際に10年前はGDPの9割ほどを石油分野が占めていましたが、今は石油分野と非石油分野がほとんど半々になっているのです。

　最近はアゼルバイジャンで和食EXPOが開催され、お茶や日本酒、アニメ文化等が展示されたり、日本で開催される観光・食品EXPOにアゼルバイジャンからも企業が参加し、紅茶、ワインなどを紹介するなど、さまざまな場面での協力が確実なものになりつつあります。量は少ないですが、最近ではアゼルバイジャンからワイン、ザクロジュース、蜂蜜を日本に輸出しています。ただ、アゼルバイジャンには、特産品は他にもたくさんあり、日本へ輸入されるチャンスがまだまだあると思います。

和食が世界遺産に決定したのは、バクーで開催された会議においてでした。これにも２国間の「ご縁」を感じています。
　また、アゼルバイジャンと日本間で地方レベルの交流も始まっており、これもとても重要な役割を果たしていると思います。2013年11月22日には静岡県伊東市とアゼルバイジャン・イスマイリ州の間で友好交流協定の調印式が行われ、両国にとって初めて姉妹都市が誕生しました。毎年、学生たちがお互いの国にホームステイをしています。最近では石川県小松市も友好都市プロジェクトを検討しています。
　こうした交流から地域レベルにおいても互いによく知るようになることが、相互発展の未来の礎になると思っています。他にも、地方の企業同士の交流や、大学間の交流もより深めていきたいと考えています。
　日本はアゼルバイジャンにとって、とても信用できる大事なパートナー国です。これまでアゼルバイジャンは基本的に投資を受ける国でした。しかし、昨今の経済発展により、私たちは「投資される国」から「投資する国」へと変わりました。アゼルバイジャンは現在ヨーロッパの国々や日本（商業施設のキラリトギンザ）等にも投資をしています。
　2000年以降はバクー国立大学に日本語学科が設置され、アリベイさんのような優秀な学生が誕生しています。アゼルバイジャンで日本語や日本について学ぶ学生が増えているので、今後は日本とアゼルバイジャンの大学の交流をさらに充実させるべきです。
　アゼルバイジャン人はもっと日本を勉強し、日本の大学に留学し、日本で学んだ知恵をアゼルバイジャン経済の発展に生かしてほしいと願っています。

おわりに

谷口 洋和

「谷口さん、来月アゼルバイジャンに行きませんか？ 一緒に行く予定だった友達が急に行けなくなってしまって」

　何それ？　それどこ？　何しに行くの？　いくらかかるの？　そもそも返事明日までって……
　いつも突拍子もないお誘いをしてくれる友人、吉岡邦孝さんからの連絡に、脳内では0.5秒であらゆるツッコミを入れていた私が出した答えはなぜかOKでした。
　何も知らないアゼルバイジャンに行くと決めたのはそのとき、何か運命的なものを感じたから……ではなく単純に働きすぎて疲れていたからだと思います。それも含めて運命というのかもしれませんが。
　当時はまだビザを大使館で発行してもらう時代だったので、日本人だけFreeのビザ料金を見て驚くことはできなかったものの、ヘイダル・アリエフ空港についた瞬間に、この国は親日なのだなと確信しました。空港職員は日本のパスポートを見た瞬間に四つ葉のクローバーでも見つけたような笑顔になり、タクシーの運転手は武道家・大山倍達さんの功績について語り、ホテルのポーターにはエレベーターで"かめはめ波"を放たれるといった具合に。

　最初は3日間だけの滞在でしたが、この国の親日が本物であり、

魅力的な美しさと観光資源、天然資源に恵まれている発展途上の国だということを理解するには十分すぎるほどの時間でした。当初は再生可能エネルギーに閉塞感がある日本から脱出して、海外で事業をしたいと思っていただけでした。

しかし日本びいきのアゼルバイジャンの人々と話していくにつれ、日本の、そして日本人の魅力を再認識するとともに、彼らが想像している日本人像に、自分を含めた現代の日本人が当てはまるのかと不安を感じ始めます。

当初は技術的に進んだ商品やコンテンツの輸出、投資の呼び込みなどをすることばかりを考えていましたが、すぐにむしろ学ぶべきことのほうが多いのではないかとも思い始めました。日本を尊敬してくれているアゼルバイジャン人が描く日本人像に自分たちを当てはめることは、自分たちの未来像を描くことにもがいている私たちにとってまさに温故知新となるのではないかと。

そんな中で参加したアゼルバイジャンの展示会で、私はアリベイさんと出会いました。見た目は完全なアゼルバイジャン人ですが、日本育ちかと思えるほど流暢な日本語がとても印象的だったのを覚えています。

初対面でアゼルバイジャンと日本をつなぐ話をぶつけてくる青々しいほどの若さと情熱をとても羨ましく思いました。言葉遣いが丁寧で仕事熱心ですが、気が強くてやたら義理人情に厚く、日本の文化と歴史、特に北方領土問題には日本人よりずっと詳し

い彼から、いつか「葛飾柴又生まれ」だとカミングアウトされるのではないかといつも本気で思ってもいます。

　そんな古き良き日本人疑惑すらあるアリベイさんと親しくなり、アゼルバイジャンと日本をつなぐビジネスを一緒にすることになったうえに、本書を出版できたことに大きな幸せと今後の展開への手応えを感じています。

　アリベイさん、これからもよろしくお願いします。

　そして、アゼルバイジャンを含め世界中の魅力を私にいつも教えてくれ、今回もたくさんのコメントをくださった私の兄貴分で『日本人の知らないアゼルバイジャン―今、知っておくべき最新51項』の著者・石田和靖さん、出版のきっかけをくださった元横山やすしさんのマネージャーで志縁塾代表の大谷由里子さん、我々の我儘を忍耐強く聞いていただき、なんとか出版まで導いてくださったKKロングセラーズの真船壮介常務、そして本書を出版するにあたりご意見、ご協力をいただいた皆様、本当にありがとうございました。

　かつて世界を驚かせた日本が、アゼルバイジャンを通じてその輝きを取り戻すとともに、本書がアゼルバイジャンが日本と共に発展していくきっかけになることを願っています。もし、アゼルバイジャンのことで私たちにご協力できることがあれば気軽にお声がけください。

アリベイ・マムマドフ

　さて、アゼルバイジャンという国を知らなかった方も、名前ぐらいしか聞いたことのなかった方も、少しはアゼルバイジャンがどんな国か、想像していただけたでしょうか？

　そもそも私が本書を書く最も大きなきっかけになったのは、ビジネスパートナーである谷口洋和さんとの出会いでした。

　谷口さんと知り合ったのは2014年11月半ばのこと。共通の友人である「越境会」会長の石田和靖さんが中心となってバクー市旧市街で開催された日本商品展示会にて初めてお会いしました。

　私は当時、日本のある会社の通訳・顧問として参加していましたが、谷口さんは日本の商品を展示するブースを出していたのです。そのときに彼のサポートをしていたのが私の後輩でした。

　私が展示会でアゼルバイジャン国営テレビのファイグ・フシエフ（Faiq Hüsiyev）副会長らの通訳をした直後、名刺交換をしたときに「あなたの通訳は直訳ではなく、まずは自分で理解したうえで、日本人にわかりやすく伝わる言葉を一つひとつ丁寧に選んでいるように感じます」と言っていただいたことを今でも覚えています。それ以降、何度かアゼルバイジャン関連の市場調査を頼まれたこともありました。

　また、越境会の石田さんたちが企画するアゼルバイジャンを含む海外進出向けセミナーや交流会を機に、頻繁にお会いするようになりました。互いの将来の夢を語り合っていたら、朝の５時に

おわりに

なってしまった、なんていうこともあります。

　谷口さんはすでにアゼルバイジャンで現地法人も持っており、アゼルバイジャンや周辺国のビジネスにもとても前向きでした。

　私が抱いた彼の第一印象は「太陽光マニア」。太陽光や省エネ分野で活躍され、その基盤をつくったので、今度は食糧分野に挑もうとアゼルバイジャンの市場に興味を持ったようです。

　アゼルバイジャンや近隣諸国における私のパイプや、谷口さんがご存知の投資家をうまくつなげて、大きなビジネスをしようと相談させてもらったことがきっかけで、現在は現地法人ACREを通じて一緒にビジネスを進めています。

　現状での課題は、アゼルバイジャンには質の高いものがたくさんあるものの、日本に輸入すると、物流費や関税の関係で仕入れ価格が高くなってしまいます。商品の価値がわかれば多少高くても買ってもらえますが、日本でのアゼルバイジャンの認知度は高くないため、購買につながる可能性が低くなってしまうのです。

　事実、認知度の低さについては、あちこちでよく指摘され、その度に残念に思っていました。

　そこで、それを何とか解消しようと、谷口さんと一緒に考えたのが本を書くことでした。本書を通じてより多くの日本の方たちにアゼルバイジャンの魅力を伝えたいとの思いで書きました。そして、ぜひ行ってみたい、アゼルバイジャン人と友達になりたい・交流したい、アゼルバイジャンを拠点にビジネスを展開したい、

という方を増やせたら、という願いが込められています。

　私たちのところには、アゼルバイジャンの政府機関や大手企業からよく企画書やプロジェクトの提案がありますが、それを日本企業と上手につなぐことができれば、日本とアゼルバイジャンのビジネス交流はさらに増えるでしょう。

　それは、この本を書いたもう一つの目的である、一緒にビジネスができ、信頼のおける日本人を増やすことにもつながります。

　アゼルバイジャンを知ってもらいたいといっても、本書に何をどのように書くべきかについては、かなり悩みました。

　そこで、谷口さんや他の友人・知人のアドバイスも受け、より充実したものにするため、アゼルバイジャンやその近隣諸国に興味を持っている日本人をフェイスブック上のページに招待し、議論を深めることにしました。名付けて「世界一の親日国アゼルバイジャンを紹介する本の企画部」。

　アゼルバイジャンに何度も行ったことのある方や、アゼルバイジャンの名前すら聞いたことのない日本人からも多くのご指摘やコメントをいただき、日本の皆さんが一番知りたがっているテーマのリストをまずはまとめたのです。この場をお借りして、ご協力いただいた皆さんに心からお礼を申し上げます。

　当初は谷口さんと私の将来の大きな夢の実現のために書いた本でしたが、我々二人だけでなく、すでにアゼルバイジャンと関わっている方々や、アゼルバイジャンでビジネスを考えている方た

おわりに

ちのお役に立つと確信しています。

　アゼルバイジャンの日本における知名度がもっともっと上がり、相互のヒトとモノの交流がより活発になって、ビジネスにおいて強固な関係を築いていくことができれば、それに優る幸せはありません。

　我々は皆さんのアゼルバイジャンや近隣諸国への進出時のサポートをし、架け橋になることを目指しています。

　これまで以上にさまざまな分野において、より深く、より広く、より多くの日本人とアゼルバイジャン人をつなげていくこと、それが私の願いであり、将来の夢です。

「アゼルバイジャン進出を考えているけれども何から始めたらよいかわからない」――そんな方はぜひご連絡ください（azerjapan.com）。

　ビジネス＆投資ツアー開催、コンサルティング、輸入代行、翻訳など幅広く承ります。また、アゼルバイジャン情報のメールマガジンも発行しておりますのでぜひご登録ください。

　ぜひあなたも一緒に日本の良さを認識しつつ、アゼルバイジャンへの理解と敬意をさらに増していく活動をしていきませんか？

　この本を出版するにあたり、Facebookグループで「世界一の親日国アゼルバイジャンを紹介する本の企画部」を結成し、皆様からたくさんのご意見をいただきました。

　出版後は「世界一の親日国アゼルバイジャンと何かをする企画部」として活動していきます。

●メールマガジン
　http://azerjapan.com/reg_mail_magazin

【本書の企画過程で協力していただいた方々】

石田 和靖、宇山 智彦、岩下 明裕、田畑 伸一郎、地田 徹朗、塩野崎 信也、松長 昭、桜間 瑛、金山 慶允、光武 典隆、大内 俊章、原 佐智子、藤原 理恵、吉田 博、井貫 充、松尾 謙吾、岩木 伸一、行木 隼人、谷尾 宗親、玉田 和久、やまもと きょうこ、大田 卓矢、長根 茂、島元 雅之、田坂 州代、田口 惺子、岡本 望、根波 泰子、さとう 容併、坂田 真一郎、力石 将伸、大内 優、湯浅 宗浩、西村 司、岡田 尚子、高橋 廣行、杉本 真由美、高井 英子、坪田 哲司、保坂 幸、稲元 義光、湯浅 宗浩、山崎 智広、松尾 奏子、戸田 暁子、松井 一恵、野口 幸男、石川 靖、さかい もとみ、森川 浩行、小川 ひでお、清水 孝俊、中川 善博、豊原 行宏、宇佐美 礼子、清水 裕美、倉持 直人、Takurou Ozawa、松尾 清孝、柴田 昭俊、所田 裕樹、戸田 暁子、松本 賢一、大谷 由里子、澤田 太郎、小金丸 寛之、若山 真也、光武 典隆、山重 卓也、澁谷 瑞穂、小山 正登、敦賀 雅史、藤尾 智之、中谷 慎志、早坂 裕史、小林 健一、村本 雄一、福村 隆、佐々木 奈々、大西 英之、荒木 隆、浅野 美希、野口 幸男、本田 幹子、芳村 元悟、西浦 正徳、本田 俊治、毛利 裕昭、北井 久美絵、岩木 伸一、前畑 明子、森嶋 裕嗣、齊藤 啓輔、室山 健二、梅村 真行、石原 健治、北島 康男、田中 克明、小島 真理、松木 淳、佐藤 淳、堰 琢磨、川地 将人、三幣 俊輔、池谷 航、松代 弘之、青野 一幸、塩谷 哲史、鎌田 圭也、黒坂 宗久、井上 信男、長谷川 幸二、釜石 剛、新井 藤子、宮嶋 志保、高瀬 政晴、重光 悦枝、田中 政明、伊田 信夫、波部 容子、谷田部 美穂、黒島 悠一、吉田 鍾子、中村 麻耶、小林 龍人、須藤 展啓、東村 有三、馬場 隆、相蘇 純、松本 美穂、銀生 みどり、竹菴 顕、宮坂 由見、小澤 佳子、田村 公祐、芳村 敦子、松田 直輝、戸澤 大輔、山田 正幸、上田 あい子、宮坂 珠理、石橋 義通、古川 雅規、濱野 真理恵、豊福 明日香、眞下 峻希、中山 真生、桐山 明文、川田 達也、杉崎 寿子、三好 冬馬、高井 京子、山本 直史、永山 佐紀子、野村 秋文、藤牧 直親

おわりに

アゼルバイジャン側：バクー国立大学、アゼルバイジャン言語大学、バクー国際多文化主義センター、アゼルバイジャン共和国統計局、Hikmət Hacıyev（外務省報道局長）、Gürsel İsmayılzadə（在日アゼルバイジャン大使館特命全権大使）、Rüfət Məmmədov（AZPROMO元会長、現経済省副大臣）、Yusif Abdullayev（AZPROMOの副会長（現代表者））、Nahid Bağırov（アゼルバイジャン観光協会会長）、Kamal Abdullayev（アゼルバイジャン言語大学総長）、Rəvan Həsənov（バクー国際多文化主義センター長）、Sərxanbəy Xuduyev（バクー国際多文化主義センター）、Rəşad Məcid（エリート525新聞の編集長）、Ceyhun Abbasov（525新聞）、Faiq Hüsiyev（国営テレビ副会長）、Namiq Əliyev（パリトラ紙編集長）、Fuad Hüseynzadə（パリトラ紙）、Oqtay Cəlilbəyli（バクー国立大学教授）、Yaşar İbrahimov（アゼルバイジャン言語大学教授）、Rafael Süleymanov（アゼルバイジャン共和国統計局報道局長）、Atil Ağamirov（養神館合気道アゼルバイジャン協会会長、アゼルバイジャン内務省、警察官）、Ləman Əzizova（アゼルバイジャン外交アカデミー、講師）、Qasım Hacıyev（アゼルバイジャン科学アカデミー、教授）、Güntəkin Məmmədova（歴史家）、Fuad Qasımov（国会アドバイザー）、Günel Məmmədhəsənova、Elxan Ələkbərov、Ülvi Ağamirov、Musa Əlizadə、Fərid Məhərrəmli、Elbəy Məmmədli、Camal Ağayev、Beycan Beycanov、Xanım Xəlilova、Şəbnəm Mirqədirova、Ellada Məmmədova、Rüfət Tanrıverdiyev、Xəyal Abdullayev、Namiq Xəlil、Firuzə Abuzarova

〈画像提供〉P2、3…kerenby、P4下…environmentalistt、P5…Nigar Alizada、P6、7上…RAndrei、P6下…Studio Photo MH、P7下…RAndrei、P8、9…mbrand85、P10…kerenby、P11上・中…In Green、P11下…Aleksandar Todorovic、P12、13…Denis Sv、P14…Evru、P15左上…Evru、右上…AS Food studio、中…RenoPicasso、左下…Ismayilov、右下…Chinara Rasulova、P16…beloved67、P27、51、83、101、129、153、181、201…Niaveiter、P66…ETIBARNAME　　　　　　　　　　　　　　　（全てShutterstock.com）

【著　者】
谷口　洋和（たにぐち　ひろかず）
株式会社a＆vein 代表取締役・太陽光発電ムラ代表。
1977年２月生まれ。
神奈川県秦野市出身。新潟大学大学院自然科学研究科修了。
環境コンサルタント、水素エネルギーの研究開発、メガソーラー企画開発を経て、エネルギーと食料の自給自足に向け株式会社a＆veinを設立。
また、太陽光発電所を推進する団体「太陽光発電ムラ」を立ち上げ、2018年９月現在、会員数を1800名以上に増やしている。投資用太陽光発電の企画販売と食品の販売を行う他、スリランカやフィリピン向けの海外投資も行っている。
2014年に訪問したアゼルバイジャンのポテンシャルを感じると共に、産油国でありながら再生可能エネルギーを推進する姿勢に共感し、現地法人ACREを設立。
アゼルバイジャンの紹介サイトを運営し、アゼルバイジャンに進出する法人、個人の支援を行っている。
趣味はサッカー、バスケ、野球。２男の父。

アリベイ・マムマドフ（Alibay Mammadov）
1988年10月30日モスクワ生まれ。アゼルバイジャンの首都バクー育ち。2005〜2009年、バクー国立大学東洋学部日本語学科で日本語と日本文化を学ぶ。2009〜2010年、徴兵によりアゼルバイジャンの軍隊へ。2010〜2012年、主にJICAや大使館を通じて、通訳・翻訳活動。自国の副首相の通訳を務める。2012年４月より、アゼルバイジャンにある日本大使館の推薦により、日本政府の国費留学生として北海道大学文学研究科スラブ・ユーラシア研究センターに留学。2013〜2015年、同大学の修士課程、2015〜
2018年は博士課程で北方領土問題やナゴルノ・カラバフ紛争を研究。2014〜2016年、北海道大学留学生協議会会長。2016年６月に日本アゼルバイジャン協力協会を設立し、会長。2016〜2018年、公益財団法人国際理解支援協会の「留学生が先生」教育プログラムを通じて、首都圏の公立小・中・高校にて日本の児童生徒に「アゼルバイジャン授業」を行う。2017〜2018年、アゼルバイジャン政府の依頼により、北海道大学スラブ・ユーラシア研究センターにて、「アゼルバイジャンの多文化主義」という連続講義の講師。さらにアゼルバイジャンメディアに"日本の専門家"として出演多数。2014年以降、数々の日本企業のアゼルバイジャンへの進出、投資、ビジネス交流を顧問役としてサポート。また自国特産品の日本輸出の援助を行っている。現在は横浜に住んでおり、アゼルバイジャンとのビジネス交流に特化したアゼプロ株式会社の代表取締役を務めている。

アゼルバイジャンが今、面白い理由

著　者	谷口洋和、アリベイ・マムマドフ
発行者	真船美保子
発行所	KKロングセラーズ
	〒169-0075　東京都新宿区高田馬場2-1-2
	電話03-3204-5161（代）　振替　00120-7-145737
	http://www.kklong.co.jp
印　刷	大日本印刷株式会社
製　本	株式会社難波製本
編集協力	佐古鮎子
編集担当	真船壮介

©2018　谷口洋和、アリベイ・マムマドフ
ISBN　978-4-8454-2426-9
落丁・乱丁はお取替えいたします。＊定価と発行日はカバーに表示してあります。